1948

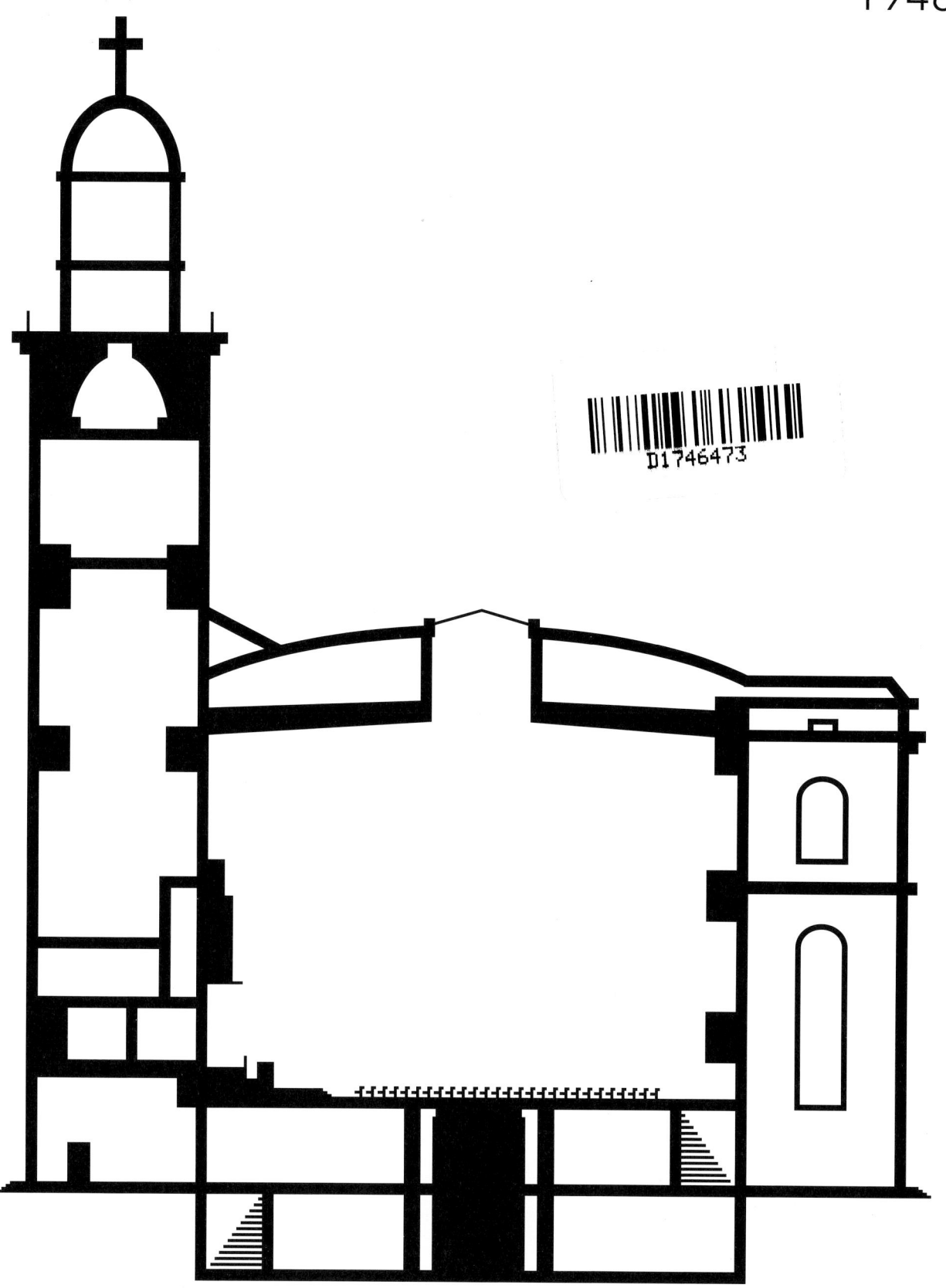

104 — Michael Falser
HAT WIEDERAUFBAU DENKMALWERT?
DIE PAULSKIRCHE IM REIGEN NACHKRIEGSZEITLICHER ARCHITEKTURIKONEN
DO REBUILT STRUCTURES HAVE MONUMENT-VALUE?
THE PAULSKIRCHE AMID THE RANKS OF POST-WAR ARCHITECTURAL ICONS

122 — Moritz Bernoully
„SO SCHÖN WAR DAS BAUWERK NOCH NIEMALS GEWESEN"
EIN FOTOESSAY
"THE BUILDING HAD NEVER BEEN SO BEAUTIFUL"
A PHOTO ESSAY

150
AUSGEWÄHLTE LITERATUR
SELECT BIBLIOGRAPHY

152
AUTORINNEN UND AUTOREN
AUTHORS

154
ABBILDUNGSNACHWEIS
IMAGE CREDITS

155
DANK
ACKNOWLEDGEMENTS

157
IMPRESSUM
IMPRINT

VORWORT
PREFACE

Maximilian Liesner, Philipp Sturm, Peter Cachola Schmal & Philip Kurz

No assembly ever strove more ardently to put perfection into practice. And though in the end it failed, no other building in Germany deserves more the title of cradle of German democracy.

American President John F. Kennedy in the Paulskirche on June 25, 1963[1]

For the majority of German citizens, the significance of the Paulskirche as the historical site of the elected German National Assembly in 1848-49 which penned the first German constitution is today something of which they are more aware than the circumstances of its wartime destruction and rebuilding. In comparisons with historical images, the current state of the building is criticized, even a lack of grandeur is bemoaned. The postwar attitude of architectural modesty and humility—that "pure and impecunious shape,"[2] as the architects on the Paulskirche Planning Committee headed by Rudolf Schwarz put it at the time—is difficult to understand nowadays. Questions that spring to mind are: What is the point of all these spartan materials, what is the point of all that gloom in the foyer, why cannot the building be grander and more prestigious? Wouldn't it be possible to abandon the Paulskirche as it is today and instead reconstruct it the same way it was in 1848, with a flight of stairs at the entrance, a gallery for visitors and a steep roof?

Such criticisms are the reproaches made and suggestions put forward in the media, not only on a local level but also nationally. In view of the, for the most part, extremely positive reception enjoyed throughout the country by the New Old Town in Frankfurt, if we discount the expert discourse, a number of its advocates feel encouraged to push for further reconstruction. A spotlight tends to fall on the Paulskirche, because it is due for a technical refurbishment. In the newspaper *Die Zeit*, German Federal President Frank-Walter Steinmeier declared the future of the Paulskirche to be a national duty. He added that although the Hambacher Schloss, which was respectfully converted by Max Dudler and honored with the 2012 DAM Preis for Architecture in Germany, was being subsidized annually by the Federal Government to the tune of €100,000, "to date our national government has not invested a single cent in the Paulskirche, perhaps the best-known site of the struggle for democracy in mid-19th century Germany."[3] Steinmeier would like an "authentic place where we can remember revolution, parliamentarianism and our fundamental rights, not only in a museum

Keine parlamentarische Versammlung hat jemals größere Anstrengungen unternommen, etwas Vollkommenes ins Werk zu setzen. Und obwohl ihre Bemühungen letzten Endes scheiterten, kann kein anderes Gebäude in Deutschland begründeteren Anspruch auf den Ehrentitel der „Wiege der deutschen Demokratie" erheben.

US-Präsident John F. Kennedy, am 25. Juni 1963 in der Paulskirche[1]

Die Bedeutung der Paulskirche als historischer Ort der gewählten deutschen Nationalversammlung 1848/49, welche die erste deutsche Verfassung schrieb, ist einem Großteil der Bevölkerung heute präsenter als die Umstände ihrer Kriegszerstörung und ihres Wiederaufbaus. Beim Vergleich mit historischen Bildern wird der gegenwärtige Zustand des Gebäudes bemängelt und gar fehlende Pracht beklagt. Die Nachkriegshaltung der architektonischen Bescheidenheit und Demut – die „reine und arme Gestalt"[2], so die Architekten der damaligen Planungsgemeinschaft Paulskirche um Rudolf Schwarz – ist heute nur noch schwer nachvollziehbar. Dabei tauchen Fragen auf: Was soll diese karge Materialität, was soll diese Düsternis in der Wandelhalle, wieso kann das Gebäude nicht prachtvoller und repräsentativer sein? Könnte man nicht einfach den heutigen Zustand aufgeben und stattdessen die Paulskirche in ihrer historischen Gestalt von 1848 mit Freitreppe am Eingang, einer Empore für Besucher und einem Steildach rekonstruieren?

So oder so ähnlich lauten Vorwürfe und Vorschläge, die nicht nur in lokalen, sondern auch in überregionalen Medien lanciert werden. Wegen der bundesweiten, außerhalb des Fachdiskurses zumeist äußerst positiven Rezeption der Neuen Altstadt in Frankfurt fühlen sich einige der Befürworter angespornt, eine neue Dynamik für weitere Rekonstruktionen zu schaffen. Hierfür gerät die Paulskirche in den Fokus, denn bei ihr steht in Kürze eine notwendige technische Sanierung an. Bundespräsident Frank-Walter Steinmeier erklärte die Zukunft der Paulskirche in der *Zeit* zur nationalen Aufgabe. Das Hambacher Schloss, von Max Dudler rücksichtsvoll umgebaut und 2012 mit dem DAM Preis für Architektur in Deutschland gewürdigt, werde vom Bund jährlich mit 100.000 Euro bezuschusst – „und für die Paulskirche, vielleicht Deutschlands bekanntester Ort demokratischen Ringens zur Mitte des 19. Jahrhunderts, wenden wir aus Bundesmitteln bislang keinen Cent auf."[3] Steinmeier wünscht sich einen „authentische[n] Ort, der an Revolution, Parlamentarismus und Grundrechte nicht nur museal erinnert, sondern zu einem Erlebnisort wird"[4]. Ob dies seiner Ansicht nach in der Paulskirche selbst, einem umgenutzten Nachbargebäude oder einem angrenzenden Neubau umgesetzt werden solle, konkretisierte er nicht.

|01 Historische Paulskirche mit Steildach, Foto: 1925 |01 Historical Paulskirche with steep roof, photo: 1925

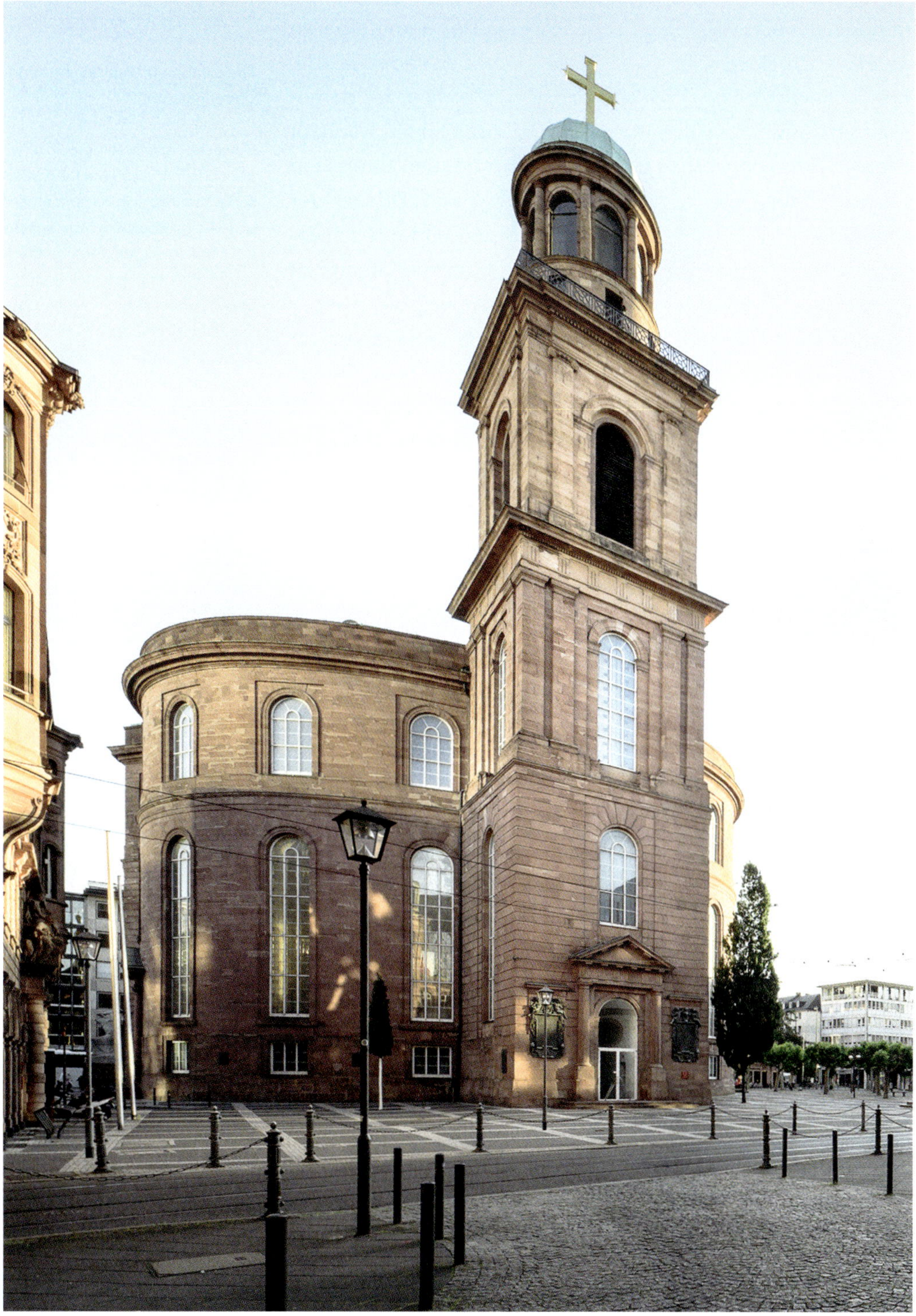

|02

|**02** Wieder aufgebaute Paulskirche, Foto: 2019

|**02** Rebuilt Paulskirche, photo: 2019

Die Ausstellung „Paulskirche - Ein Denkmal unter Druck"

Was jedoch in der finanziellen Zusicherung des Bundespräsidenten zu kurz kommt: Die Paulskirche erinnert heute nicht mehr nur an 1848, sondern mindestens ebenso an das Jahr 1948. In der unmittelbaren Nachkriegszeit, noch bevor das Grundgesetz verabschiedet wurde, galt die Paulskirche als künftiges Parlament und als Zeichen des demokratischen Neubeginns. Ihre programmatische Architektur war laut Rudolf Schwarz „von einer solch nüchternen Strenge, daß darin kein unwahres Wort möglich sein sollte."[5] Der Aufstieg vom Dunkel der Wandelhalle in den lichtdurchfluteten Saal sollte „ein Bild des schweren Weges geben, den unser Volk in dieser seiner bittersten Stunde zu gehen hat"[6], wie die Planungsgemeinschaft es zur Eröffnung beschrieb.[7]

Vor diesem Hintergrund erscheint es notwendig, das Bewusstsein für die authentischen Spuren der Geschichte wieder zu stärken. Zuletzt deutlich gemacht hatte dies die Ausstellung „Rudolf Schwarz - Architekt einer anderen Moderne", die 1998 im DAM gezeigt wurde und bereits mehr als zwanzig Jahre zurückliegt.

Ziel des gemeinsamen Ausstellungsprojektes von DAM und Wüstenrot Stiftung „Paulskirche - Ein Denkmal unter Druck" ist es nun, das Verständnis für den Paulskirchenbau zu verbessern und den Blick auf die Hintergründe der ursprünglichen Entwurfshaltung zu schärfen. Dabei wird auch die seit jeher schwelende Diskussion über den Umgang mit der Wiederaufbaulösung untersucht, die in den vergangenen Jahrzehnten zu einigen - den Gesamteindruck trübenden oder ergänzenden - Umbauten geführt hat. Nicht zuletzt herrscht in der Paulskirche durch Veranstaltungen wie den Friedenspreis des Deutschen Buchhandels eine gesellschaftliche Debattenkultur, die das Vermächtnis als lebendiger Erinnerungsort der deutschen Demokratie weiter fortschreibt.

Den Anstoß zu einer Ausstellung über das Gebäude und seinen Denkmalwert gab Kurator Oliver Elser. Die Kuratoren Maximilian Liesner und Philipp Sturm entwickelten das Konzept für die Ausstellung und die vorliegende Publikation. Von Anfang an unterstützte die Wüstenrot Stiftung das Vorhaben mit Anregungen und Fragen.

Die Sammlung des DAM enthält den umfangreichen Nachlass des beteiligten Architekten Johannes Krahn. Diese Quelle ermöglichte es unter anderem, dem rätselhaften Turmzimmer („Präsidentenzimmer") auf den Grund zu gehen, in dem die wechselvolle Geschichte des Baus kulminiert. Gleichzeitig wurde der Architekturfotograf Moritz Bernoully beauftragt, einen Fotoessay über den aktuellen Bestand des Gebäudes zu erstellen.

Wir danken den Autorinnen und Autoren, dem Fotografen, Verlag und Lektorat, den Gestaltern von Buch und Ausstellung, allen Gesprächspartnern sowie den Mitarbeitern des Deutschen Architekturmuseums und der Wüstenrot Stiftung.

context but where we can also really experience what they mean."[4] But whether, in his opinion, this should take place in the Paulskirche itself, in an unused neighboring building or in a new building somewhere in the vicinity was something he did not specify.

The exhibition "Paulskirche – A Monument Under Pressure"

However, there is something to which justice is not done in the Federal President's assurances: Today, the Paulskirche not only puts us in mind of 1848; it also and in equal measure reminds us of the year 1948. Directly after World War II, even before the Federal Republic of Germany's Basic Constitutional Law had been adopted, the Paulskirche was considered as a future parliament and a symbol of a democratic new beginning. According to Rudolf Schwarz, its programmatic architecture was "of such sober rigor that barely an untrue word should be possible in it."[5] The ascent from the darkness of the foyer to the light-suffused hall was intended to "represent an image of the difficult path that our people must walk in this their most bitter hour,"[6] as the planning committee described it at the opening.[7]

With this in mind, it appears necessary to rekindle people's awareness of the authentic traces of history. The last occasion making this clear was the exhibition "Rudolf Schwarz – Architect of a Different Modernism," which was shown at the DAM in 1998 and thus already more than 20 years ago.

It is now the objective of the joint exhibition project by the DAM and the Wüstenrot Foundation, "Paulskirche – A Monument Under Pressure," to improve people's understanding of the building that is the Paulskirche and to raise their awareness of the background to the original design attitude. In this context, one of the things that will be investigated is the treatment of the rebuilding solution from 1948 – an ever-latent discussion which has resulted in some remodeling, spoiling or complementing the overall impression. One not unimportant aspect is the fact that thanks to events such as the Peace Prize of the German Book Trade, the Paulskirche promotes a culture of social debate, which keeps alive the legacy as a memorial to German democracy.

The impetus for an exhibition on the building and its importance as a monument was provided by curator Oliver Elser. Curators Maximilian Liesner and Philipp Sturm developed the concept for the exhibition and for the present publication. The Wüstenrot Foundation supported this undertaking from the very outset, making suggestions and asking questions.

The DAM collection includes the extensive estate of participating architect Johannes Krahn. Among other things, this source made it possible to get to the bottom of the mysterious tower room ("President's Room") which represents the culmination of the building's eventful history. Architectural photographer Moritz Bernoully was commissioned to produce a photographic essay on the current status of the building.

We would like to thank the authors, the photographer, the publisher and the editorial team, the designers of the book and the exhibition, all our contacts and all the staff at the DAM and the Wüstenrot Foundation.

[1] Bulletin issued by the German Federal Government's Press and Information Office, no. 109, June 26, 1963, pp. 969-73.
[2] Planungsgemeinschaft Paulskirche (Rudolf Schwarz, Johannes Krahn, Gottlob Schaupp & Eugen Blanck), *Denkschrift zur Fortsetzung des Wiederaufbaus der Paulskirche*, 1960, p. 2, ISG, Estate of Eugen Blanck, S1-177/22.
[3] Frank-Walter Steinmeier, "Deutsch und frei," in: *Die Zeit*, no. 12, (2019).
[4] Ibid.
[5] Rudolf Schwarz, *Kirchenbau. Welt vor der Schwelle*, (Heidelberg, 1960), p. 94.
[6] Planungsgemeinschaft Paulskirche, "Die neue Paulskirche," in: *Die neue Stadt*, no. 3, 1948, pp. 101–04, here p. 104.
[7] When it came to the question of guilt, however, the architects allowed themselves to make the controversial assertion that to this German nation, democracy represented the "fulfillment of its flame of pure longing which had been kept burning over the centuries but had been repeatedly suppressed and eventually almost choked off by the forces of adversity" (ibid).

DENKMAL UNTER DRUCK
EINE GESCHICHTE VON KONFLIKTEN
MONUMENT UNDER PRESSURE
A HISTORY OF CONFLICTS

Maximilian Liesner, Philipp Sturm

In light of the current debate on the future of the Paulskirche it almost seems as though history is repeating itself. Many of the arguments for and against a redesign of the building were already expounded in the public debate of the 1980s. The core of the discussion was and continues to be the assessment of the post-war rebuilding by the Paulskirche Planning Committee, frequently reduced to its most prominent member Rudolf Schwarz. He championed the concept of "interpretive monument preservation"[1] for the rebuilding of Germany's war-ravaged cities and applied it for the first time to the Paulskirche. "We should absolutely take the old work seriously," as he put it, "not as a dead, but as a living structure, which lives among us, and enter into conversation with it, listen to what it has to say, and say what we as living people have by way of answers, and in so doing breathe new life into this living thing."[2] As such, the planning committee took the ruined status of the Paulskirche seriously and made it the basis of the rebuilding work.[3] |01|02

The Planning Committee Architects: Struggling with the Course of Time

Although in the 1946 competition for the rebuilding of the Paulskirche the first prize had been awarded to architect Gottlob Schaupp, his design did not succeed in winning over either the competition organizers or the professionals.[4] Consequently, for the further rebuilding planning Municipal Planning Councilor Eugen Blanck contacted his colleague from Cologne Rudolf Schwarz, who specialized in church construction. Together they set up the Paulskirche Planning Committee, whose members otherwise included Johannes Krahn, one of Schwarz' former staff members, and the competition winner Schaupp.

Who were these men? Schaupp, Schwarz and Blanck had already worked on churches and other projects under Ernst May during the New Frankfurt era and their paths had repeatedly crossed. Schaupp (born in 1891 in Reutlingen, died in 1977 in Bad Homburg v. d. Höhe) completed his studies at the Höhere Bauschule in Stuttgart and began work as a freelance architect based in Frankfurt in 1925. He designed terraced housing for the Römerstadt Estate, built the evangelical church in the Riederwald district in 1928, which was destroyed in World War II, and in 1930 created a community center for the Niederrad district.[5] |03|04

Schwarz (born in 1897 in Strasbourg, died in 1961 in Cologne) studied Architecture at the Königliche Technische Hochschule in Berlin, after which he worked for and was a master

|01 Ruine der Paulskirche, Foto: 1945 |01 Ruin of the Paulskirche, photo: 1945

|02 Planungsgemeinschaft Paulskirche, Entwurf des Saals, 1946 |02 Paulskirche Planning Committee, Hall design, 1946

|03

|04

|05

|06

|07

|03 Gottlob Schaupp, Riederwaldkirche, Frankfurt am Main, 1928, zerstört 1943, Foto: 1930 |04 Gottlob Schaupp, Paul-Gerhardt-Gemeindehaus, Frankfurt am Main, 1929/30, Foto: 1930 |05 Dominikus Böhm / Rudolf Schwarz, *Opfergang*, Entwurf für die Frauenfriedenskirche, Frankfurt am Main, 1927 |06 Eugen Blanck / Eugen Kaufmann / Gottlob Schaupp, Unterstandshalle Huthpark, Frankfurt am Main, 1930, Foto: 1930 |07 Rudolf Schwarz, St. Fronleichnam, Aachen, 1929/30, Foto: ca. 1930

|03 Gottlob Schaupp, Riederwald Church, Frankfurt/Main, 1928, destroyed 1943, photo: 1930 |04 Gottlob Schaupp, Paul Gerhardt Community Center, Frankfurt/Main, 1929-30, photo: 1930 |05 Dominikus Böhm & Rudolf Schwarz, *Opfergang*, design for Frauenfriedenskirche, Frankfurt/Main, 1927 |06 Eugen Blanck, Eugen Kaufmann & Gottlob Schaupp, Shelter in Huthpark, Frankfurt/Main, 1930, photo: 1930 |07 Rudolf Schwarz, St. Fronleichnam's Church, Aachen, 1929-30, photo: c. 1930

student of Hans Poelzig at the Berlin Akademie der Künste, where he wrote his doctoral thesis on Early Types of Small Churches in the Rhineland. As of 1925 he worked together with Dominikus Böhm in Offenbach; in 1927 the duo won the competition for the Frauenfriedenskirche with their design *Opfergang* (sacrifice). |05 The plans were never realized however, as the developer ultimately decided in favor of the third-prize winner Hans Herkommer.[6] Schwarz' arguably most important pre-war structure was, in 1930, the minimalist St. Fronleichnam parish church in Aachen.[7] |07
In contrast to Schaupp and Schwarz, Blanck (born in 1901 in Cologne, died in 1980 in Cologne) was a direct member of Ernst May's team as of 1926. He studied at Cologne's Kunstgewerbeschule and worked in the field of residential and housing estate development in Frankfurt. He was involved in the planning of the Westhausen Estate and in 1930 built a small pavilion in Huthpark together with Eugen Kaufmann and Schaupp.[8] |06
Krahn (born in 1908 in Mainz, died in 1974 in Orselina, Switzerland), the youngest of the four architects on the planning committee, studied Architecture at the Technische Lehranstalten in Offenbach, the Kölner Werkschulen and the Kunstgewerbeschule in Aachen. His teachers were Dominikus Böhm and Rudolf Schwarz. Between 1928 and 1940, Krahn was Schwarz' closest colleague, and together with Hans Schwippert they also worked on St. Fronleichnam in Aachen.[9]
During the twelve years of Nazi rule the later members of the planning committee came to terms with the system in different ways. Gottlob Schaupp continued to work as an architect in Frankfurt. In the "City of German Skilled Crafts" he focused on public commissions relating to what was known as the "recovery" of the old town. In these projects he moved away from the ideas of New Frankfurt and constructed residential buildings in the seemingly traditional German architectural style *Heimatschutzstil*.[10] In 1946, his aesthetic and political affiliation with the Nazis sparked criticism in the context of the Paulskirche competition. The magazine *Spiegel* explicitly stated: "First prize went to a former Party member, architect Schaupp."[11]
Owing to Rudolf Schwarz' rejection of the Nazis, in 1934, at the beginning of the Third Reich, he was dismissed from the Kunstgewerbeschule in Aachen, having been the school's director for eight years. Until 1944 he worked as a freelance architect in Offenbach and Frankfurt, from 1941 additionally working as a planner at the Reconstruction Office of the Reichsstatthalter in Gau Westmark, an administrative region including the Saar area,

Zur Ausführung kam er nicht, da der Bauherr sich letztlich für den dritten Preisträger Hans Herkommer entschied.[6] Schwarz' wohl wichtigster Vorkriegsbau war 1930 die minimalistische Pfarrkirche St. Fronleichnam in Aachen.[7] |07
Im Gegensatz zu Schaupp und Schwarz war Blanck (1901 Köln – 1980 Köln) ab 1926 ein direkter Mitarbeiter in Mays Team. Er hatte an der Kölner Kunstgewerbeschule studiert und war in Frankfurt im Wohnungs- und Siedlungsbau tätig, wirkte an der Siedlung Westhausen mit und errichtete zusammen mit Eugen Kaufmann und Schaupp 1930 einen kleinen Pavillon im Huthpark.[8] |06
Krahn (1908 Mainz – 1974 Orselina/Schweiz), der jüngste unter den vier Architekten der Planungsgemeinschaft, absolvierte seine Architekturausbildung an den Technischen Lehranstalten in Offenbach, den Kölner Werkschulen und der Kunstgewerbeschule in Aachen. Seine Lehrer waren Dominikus Böhm und Rudolf Schwarz. Zwischen 1928 und 1940 war Krahn engster Mitarbeiter von Schwarz, gemeinsam mit Hans Schwippert arbeiteten sie auch an St. Fronleichnam in Aachen.[9]
Während der zwölf Jahre der nationalsozialistischen Herrschaft arrangierten sich die späteren Mitglieder der Planungsgemeinschaft unterschiedlich mit dem System. Gottlob Schaupp verdingte sich weiterhin als in Frankfurt ansässiger Architekt. In der „Stadt des Deutschen Handwerks" bearbeitete er insbesondere öffentliche Aufträge im Rahmen der sogenannten „Altstadtgesundung". Er löste sich dabei von den Ideen des Neuen Frankfurt und errichtete Wohngebäude im deutschtümelnden Heimatschutzstil.[10] Seine ästhetische und politische Verbundenheit mit dem Nationalsozialismus sorgte 1946 beim Paulskirchenwettbewerb für Kritik. Im *Spiegel* wurde explizit erwähnt: „Den ersten Preis erhielt ein ehemaliger Parteigenosse, der Architekt Schaupp."[11]
Da Rudolf Schwarz den Nationalsozialismus ablehnte, wurde er, nachdem er acht Jahre die Kunstgewerbeschule in Aachen geleitet hatte, 1934 zu Beginn des „Dritten Reiches" entlassen. Bis 1944 war er als freischaffender Architekt in Offenbach und Frankfurt tätig. Zudem arbeitete Schwarz ab 1941 als Planungsarchitekt beim Wiederaufbauamt des Reichsstatthalters im Gau Westmark (Saargebiet, Pfalz und Lothringen).[12] Auf diese Erfahrungen konnte er ab 1946 bei seiner Wiederaufbauplanung für Köln zurückgreifen.
Eugen Blanck, der über Mays Nachfolger Reinhold Niemeyer weiter den Kontakt nach Frankfurt pflegte, arbeite bis 1935 als freier Architekt in Köln. Im Anschluss war er bis 1938 für die Deutsche Versuchsanstalt für Luftfahrt sowie das Reichsluftfahrtministerium in Berlin tätig, danach in leitenden Positionen (zusammen mit Niemeyer) für die Landesplanungsgemeinschaft Brandenburg-Berlin und die Planungskommission Prag. Blanck versuchte in diesen Jahren, seine moderne Architekturauffassung weitestgehend zu wahren. Er ging 1944 zurück nach Köln und war nach dem Krieg für die SPD aktiv. In Frankfurt übernahm er 1946 als Stadtbaurat Mays früheres Dezernat.[13]

Johannes Krahn war bis 1940 im Büro von Rudolf Schwarz tätig, der damals nur noch kleinere Aufträge für private Wohnhäuser bekam. Als nach Kriegsbeginn auch diese ausblieben, wechselte Krahn ins Großbüro von Herbert Rimpl, für das er in Berlin und Paris die Entwicklung typisierter Wohnhäuser leitete. Mit diesen Ideen machte er sich kurz vor Kriegsende selbstständig und zog zurück nach Frankfurt, wo im Nachkriegswohnungsbau zwei Siedlungen nach seinem Holzbau-Prinzip errichtet wurden.[14]

Auferstanden aus Ruinen: Die Jahrhundertfeier 1948

Eröffnet wurde die neue Paulskirche am 18. Mai 1948 mit einer „Jahrhundertfeier" anlässlich der ersten deutschen Nationalversammlung, als Teil einer ganzen Festwoche. Statt des bewussten demokratischen Neubeginns setzten aber bereits zu diesem frühen Zeitpunkt erste Mechanismen der Verdrängung ein. So monierte der *Spiegel*, dass die Ruinen des Römerbergs „durch wirklichkeitsmildernde Tannenbäume verstellt"[15] waren. In der peniblen Organisation sei keine Teilhabe der Bürgerinnen und Bürger vorgesehen gewesen, sodass diesen nur die Zuschauerrolle blieb.[16] Sie kamen in Strömen und eigneten sich das wieder aufgebaute Gebäude auf ihre Weise an, indem sie auf die verbliebenen Baugerüste kletterten, um den besten Blick auf den Zug der Ehrengäste vom Römer in die Paulskirche zu erhalten. |08

Die Festwoche zeigte auch, dass im Frühjahr 1948 die deutsche Einheit mehr und mehr zum Politikum wurde. Die Sozialistische Einheitspartei Deutschlands (SED), die im Vorjahr den Wiederaufbau als gesamtdeutsches Projekt noch großzügig finanziell unterstützt hatte, schickte neben hochrangigen Vertretern der Sowjetischen Besatzungszone auch ihr Führungspersonal nach Frankfurt. |09 Vor den Römerruinen bezeichnete der SED-Vorsitzende Wilhelm Pieck die Jahrhundertfeier als „Staffage für die Bildung eines Weststaates"[17] – und hatte damit insofern nicht ganz unrecht, als dass die Frage nach der deutschen Hauptstadt ungeachtet der Spannungen zwischen Ost und West in vollem Gange war. Bonn und Frankfurt bauten um die Wette.

In Frankfurt sollte das Parlament in der Paulskirche tagen. Doch Ende 1948 beauftragte man den Architekten Gerhard Weber mit dem Neubau eines alternativen Plenarsaals. So entstand im Frankfurter Nordend eine Parlamentsrotunde, deren formaler Bezug die Paulskirche blieb. Weber zitierte die markantesten Merkmale: die Grundrissform und die hervortretenden Treppenhäuser, verkleidet mit rotem Sandstein – sowie die kupfergedeckte Flachkuppel als eindeutige Reminiszenz an den Wiederaufbau durch die Planungsgemeinschaft.[18] Doch weder hier noch dort zog der Bundestag ein, Hauptstadt wurde Bonn. Die Rotunde baute Weber im Auftrag des Hessischen Rundfunks zum Funkhaus um. |10 Die Paulskirche wurde zum bundesdeutschen Festsaal.

Palatinate and Lorraine.[12] He was able to draw on these experiences when planning the reconstruction of Cologne as of 1946.

Eugen Blanck, who maintained contact to Frankfurt through May's successor Reinhold Niemeyer, worked as a freelance architect in Cologne until 1935. Subsequently he worked until 1938 for the German Experimental Institute for Aviation and the Ministry of Aviation in Berlin, and then in managerial positions (together with Niemeyer) for the Brandenburg-Berlin State Planning Committee and Prague Planning Commission. In these years Blanck sought to preserve as far as possible his modern view of architecture. He returned to Cologne in 1944 and after the War was active on behalf of the Social Democrats. In 1946, he took over May's former department in Frankfurt as Municipal Planning Councilor.[13]

Johannes Krahn worked in Rudolf Schwarz' office until 1940; at the time the latter was only receiving smaller commissions for private dwellings. When, after the War started, these dried up too, Krahn moved to Herbert Rimpl's large office, for which he headed the development of standard residential buildings in Berlin and Paris. He went freelance with these ideas shortly before the end of the War and moved back to Frankfurt, where two post-war residential estates were built according to his timber-construction principle.[14]

Risen from Ruins:
The Centenary Celebration 1948

The new Paulskirche was opened on May 18, 1948 with a "centenary celebration" and was part of a week of festivities to mark the first German National Assembly of 1848. But rather than it representing a conscious democratic fresh start the first mechanisms of repression emerged even at this early stage. *Spiegel* news magazine criticized how the ruins of the Römerberg were presented: "blocked by fir trees that played down the seriousness of the situation."[15] As the meticulous planning did not foresee any involvement by local citizens they were reduced to mere onlookers.[16] But they came in droves and appropriated the rebuilt edifice in their own way by climbing up the still-standing scaffolding so as to get the best view of the procession of guests of honor entering the Paulskirche from the Römer. |08

This week of celebrations also proved that in spring 1948 the issue of German unity was increasingly becoming a political matter. A year earlier the Socialist Unity Party had generously supported the rebuilding as a project for Germany as a whole. For the centenary, high-ranking representatives from the Soviet

|08

|09

|10

|08 Jahrhundertfeier vor der wiedereröffneten Paulskirche, 18. Mai 1948
|09 Delegation aus der Sowjetischen Besatzungszone auf dem Römerberg: Otto Nuschke (Vorsitzender der Ost-CDU) am Rednerpult, Wilhelm Pieck (SED-Vorsitzender) und Hermann Kastner (stellv. Ministerpräsident von Sachsen) in erster Reihe, Walter Fisch (KPD Hessen) in zweiter Reihe (rechts), Mai 1948 |10 Gerhard Weber, Funkhaus des Hessischen Rundfunks (urspr.: Parlamentsrotunde), Frankfurt am Main, 1949–51, Foto: ca. 1970

|08 Centenary in front of the reopened Paulskirche, May 18, 1948
|09 Delegation from the Soviet Occupation Zone on the Römerberg: Otto Nuschke (Chairman of the East German Conservative Party) at the speaker's lectern, Wilhelm Pieck (Chairman of the East German Socialist Unity Party) and Hermann Kastner (Deputy Minister President of Saxony) in the first row, Walter Fisch (Communist Party of Germany, Hesse) in the second row (right), May 1948 |10 Gerhard Weber, Broadcasting center of the Hessischer Rundfunk (orig.: parliament rotunda), Frankfurt/Main, 1949–51, photo: c. 1970

|11

|12

|11 Innenansicht der historischen Paulskirche mit Empore, Tuschezeichnung: J. J. von Essen, ca. 1833 |12 Blick vom Dom auf Römer und Paulskirche vor der Zerstörung, historische Postkarte

|11 Interior view of the historical Paulskirche with gallery, ink drawing: J. J. von Essen, c. 1833 |12 View from the cathedral: The Römer and Paulskirche before they were destroyed, historical postcard

zone as well as the party leaders visited Frankfurt. |09 But the tone had already changed. Standing before the ruins of the Römer, party chairman Wilhelm Pieck claimed the centenary celebration was "window-dressing for forming a West German state"[17]—and was not entirely wrong in this claim given that notwithstanding the tensions between East and West the question about which city should become the new capital was well underway. Bonn and Frankfurt battled it out by building for all they were worth.

In Frankfurt, the parliament was to convene in the Paulskirche. At the end of 1948 architect Gerhard Weber was commissioned to realize an alternative plenary chamber. And in the city's Nordend district a parliament rotunda was indeed built, whose formal reference remained the Paulskirche. Weber cited its most striking features: the ground-plan form, the protruding sections housing the stairs, clad with red sandstone, and also the copper-clad flat dome as a clear reminder of the rebuilding by the planning committee.[18] But the parliament was not destined to sit either in this building or the Paulskirche. Bonn became the capital. Weber then converted the rotunda into a broadcasting center for the Hessischer Rundfunk. |10 The Paulskirche became the West German ceremonial hall.

From the beginning there were reservations about the new look of the rebuilt Paulskirche. Some people longed for a return to the original design. |11 Shortly after it was reopened Albert Rapp, Director of the Historisches Museum, divided opinion by commenting: "Schwarz has robbed the Classicist church with its simple architectural concept of all proportions, divided the absolutely necessary base by windows, made the entrance ridiculously small, hacked off the roof, torn off the gallery, raised the church interior above ground level which is quite illogical […] and below that conjured up a cool and pointless foyer around a dark, small cylindrical room. A cycle track below and a gasometer above, you can't spoil it more than that."[19]

Public Clash: The 1980s

The debate reached a temporary climax in the early 1980s. The municipal authorities considered reconstructing the historic steep roof, aiming at more accurately portraying the historic view of the old town again, in part to distinguish it from the expanding city with its high-rises.[20] |12 When Karl Wimmenauer, Professor at the Kunstakademie Düsseldorf, a former student of Schwarz and involved in rebuilding the Paulskirche, learned of the plans he made a point of emphasizing that

Von Beginn an stieß die wieder aufgebaute Paulskirche auf ästhetische Vorbehalte. Teile der Bevölkerung sehnten sich nach der historischen Form zurück. |11 So polemisierte kurz nach der Wiedereröffnung Albert Rapp, Direktor des Historischen Museums: „Der Schwarz hat die klassizistische Kirche mit ihrem einfachen Baugedanken aus jeder Proportion gebracht, den unbedingt notwendigen Sockel des Rundbaues mit Fenstern durchbrochen, das Tor lächerlich verkleinert, das Dach abgesäbelt, die Empore abgerissen, den Kirchenraum unsinnig in die Luft gehoben […] und darunter eine kühle und sinnlose Wandelhalle um einen dunklen kleinen zylindrigen Raum hervorgezaubert. Unten Radrennbahn, oben Gasometer, mehr läßt sich nicht verderben."[19]

Öffentlicher Schlagabtausch: Die achtziger Jahre

Ihren vorläufigen Höhepunkt erreichte die Auseinandersetzung Anfang der achtziger Jahre. Der Magistrat zog eine Rekonstruktion des historischen Steildachs in Betracht, um dem historischen Altstadtbild wieder näher zu kommen – auch in Abgrenzung zur wachsenden Hochhaus-City.[20] |12 Als Karl Wimmenauer, Professor an der Kunstakademie Düsseldorf, ehemaliger Schwarz-Schüler und als solcher am Wiederaufbau beteiligt, von den Plänen erfuhr, verwies er vehement darauf, dass die Paulskirche nach dem Krieg „aus gutem Grund nicht wieder, sondern neu erstellt wurde als Symbol des Neubeginns der deutschen Demokratie."[21] Baudezernent Hans-Erhard Haverkampf (SPD) hingegen behauptete, „daß das jetzige Flachdach nicht aus ästhetischen Gründen von Schwarz gewählt wurde, sondern aus Gründen der Materialersparnis"[22], was Günter Bock, Leiter der Architekturklasse der Frankfurter Städelschule, bereits früher entkräftet hatte. Der Stahl für die moderne Lösung sei sogar schwieriger zu beschaffen gewesen als Holz für eine historische Nachbildung.[23]

Es entbrannte ein hitziger öffentlicher Schlagabtausch, der vor allem die Rekonstruktionsgegner mobilisierte: vom Bund Deutscher Architekten („Liquidierung eines der frühesten und glaubwürdigsten Zeugnisse der Nachkriegsarchitektur"[24]) über die Technische Hochschule Darmstadt („ein in Bedeutung und äußerer Erscheinung hervorragendes Einzelbauwerk, in dem uns der Geist des Neuanfangs nach Diktatur und Krieg, der Hoffnung auf demokratische Erneuerung überliefert ist"[25]) bis hin zum Landeskonservator der hessischen Denkmalpflege, Gottfried Kiesow („Die Denkmalpflege setzt sich deshalb mit Nachdruck für eine Instandsetzung der Paulskirche im Zustand des Wiederaufbaus […] ein."[26]). Die Befürworter einer Rekonstruktion versuchten immer wieder, die Planungsgemeinschaft zu diskreditieren. So schrieb der Frankfurter Hauptkonservator Heinz Schomann von einer „selbstgefälligen Interpretation des Umbauarchitekten Rudolf Schwarz"[27], und Baudezernent Haverkamp taufte Schwarz – absichtlich oder irrtümlich – „Schuster"[28].

Weiteren Anlass zur Kritik bot Oberbürgermeister Walter Wallmann (CDU), als er, nah an der Grenze zur „Geschichtsklitterung"[29], neben dem demütigen Blick auf die junge Bundesrepublik „über den Abgrund der jüngeren Vergangenheit hinweg"[30] auch wieder einen stolzen Blick auf 1848 zulassen wollte. Der Architekturkritiker Dieter Bartetzko empörte sich über diese „Variante der nicht auszutreibenden Verdrängungsformel vom Dritten Reich als einem Unfall der deutschen Geschichte."[31] Das Ergebnis, das am Ende der Debatte stand, war die behutsame Instandsetzung auf Basis des Nachkriegswiederaufbaus.[32]

Grützkes Volksvertreter: Das Wandbild

In diesem Zuge wurde auch das seit jeher vorgesehene Wandbild neu in den Blick genommen. Bereits 1947, in der Planungs- und Bauphase, war für die Außenwand des Kernovals in der Wandelhalle eine monumentale, 33 Meter lange und drei Meter hohe Darstellung der Sehnsucht nach Frieden angedacht worden. |13 Den hierfür ausgeschriebenen Wettbewerb hatte 1948 der Ulmer Künstler Wilhelm Geyer mit einer großen figürlichen Komposition gewonnen, die aus finanziellen Gründen damals jedoch nicht realisiert werden konnte.[33] Als sich die Planungsgemeinschaft 1960 mit der Fortsetzung des Wiederaufbaus befasste, wurde auch das Wandbild nochmals erörtert. Dem Trend der 1950er Jahre folgend nahmen die Planer nun Abstand vom „figürlichen Schmuck" und befanden, „[e]in flächiges Mosaik, das auf die Säulenstellung vor der Wand entsprechend Rücksicht nimmt, erscheint richtiger."[34] Doch zu einer weiteren Planung oder gar einer Umsetzung kam es auch diesmal nicht.

Erst in den 1980er Jahren wurde anlässlich der anstehenden Gebäudesanierung erneut das Thema Wandbild beraten. Ein 1987 ausgeschriebener Wettbewerb „Fresko für die Paulskirche" folgte, und die Gegenständlichkeit des Motivs wurde wie bereits 1948 zur Bedingung. Die Stadt Frankfurt – vertreten durch das Amt für Wissenschaft und Kunst sowie das Hochbauamt – forderte einen Entwurf zum Thema Vormärz und gescheiterte Revolution von 1848 und stellte klar, dass sie sich zwar kein Historiengemälde wünsche, dass aber auch „eine völlig abstrakte künstlerische Behandlung […] dem Anspruch nicht gerecht [würde]."[35] Zur Teilnahme wurden neun Künstler aus Ost- und Westdeutschland eingeladen, sicher auch weil man die Paulskirche weiterhin als gesamtdeutsches Gebäude begriff. Die beiden Ostdeutschen Werner Tübke und Bernhard Heisig sagten allerdings ab, mit der Begründung, in der DDR warteten andere Aufgaben auf sie; Tübke vollendete gerade sein Bauernkriegspanorama in Bad Frankenhausen. Da auch Markus Lüpertz, Gerhard Richter und Anselm Kiefer der Stadt Frankfurt einen Korb gaben, konnte die Jury unter Vorsitz des Kunstsachverständigen Friedhelm Mennekes im Oktober 1987 nur über die vier Arbeiten von Johannes Grützke, Jörg Immendorf, A. R. Penck und

after the War "there were good reasons for not reconstructing it as a replica but creating a new building as a symbol of the new beginning of German democracy."[21] By contrast, Municipal Buildings Councilor Hans-Erhard Haverkamp (a Social Democrat) claimed "that the current flatter roof was not chosen by Schwarz for aesthetic reasons but in the interests of using less material"[22]—something Günter Bock, Head of the Architecture class at Frankfurt's Städelschule, had already refuted earlier. It had been even more difficult to procure steel for the modern solution than wood for a historical replica.[23]

A heated public debate flared up that primarily mobilized reconstruction opponents: from the Association of German Architects BDA ("liquidation of one of the earliest and most credible examples of post-war architecture"[24]) via the Technical University of Darmstadt ("a single building of outstanding importance and appearance that after dictatorship and war conveys to us the spirit of a new beginning, the hope of democratic renewal"[25]) through to Gottfried Kiesow, Director of Regional Conservation in Hesse ("we conservationists emphatically call for the Paulskirche to be preserved in the state of its rebuilding."[26]) The advocates of a reconstruction repeatedly attempted to discredit the planning committee. For example, Heinz Schomann, Director of Municipal Conservation in Frankfurt, wrote of an "egoistic interpretation by the conversion architect Rudolf Schwarz."[27]

Lord Mayor Walter Wallmann (a Conservative) offered further grounds for criticism when, coming close to a "historical misrepresentation,"[28] alongside a humble view of the young Federal Republic he wanted to also admit a proud look at 1848 "across the abyss of the more recent past."[29] Architecture critic Dieter Bartetzko was outraged about this "variation of the deeply ingrained repression that glosses over the Third Reich as an accident in German history."[30] The debate ended in a decision for a sensitive restoration based on the post-war solution.[31]

Grützke's Representatives of the People: The Mural

In the course of the restoration work a new look was taken at the long-planned mural. As early as 1947 in the planning and construction phase thought had been given to installing a portrayal of the longing for peace on the outer wall of the central core in the foyer that would be 33 meters long and three meters high. |13 The competition organized for this purpose was won in 1948 by Ulm-based artist Wilhelm Geyer with a large figurative composition, which however could not be realized at the time for financial reasons.³² When in 1960 the planning committee was engaged with completing the rebuilding works, the topic of a mural was also discussed. In keeping with the trend of the 1950s the planners distanced themselves from the idea of "figurative decoration" and decided that "a flat mosaic that considers the position of the columns in front of the wall seems more appropriate."³³ However, once again the plans were not pursued and no mural was realized.

It was not until the scheduled restoration of the building in the 1980s that the subject of a mural was discussed again. A competition entitled "Fresco for the Paulskirche" was held in 1987 and as was previously the case in 1948 the representational nature of the motif was made a condition. The City of Frankfurt—represented by the Science and Art Department and the Building Department—insisted the work should address the failed Revolution of 1848 and made it clear that although it did not want a historical painting, a "totally abstract artistic treatment […] would not serve the purpose."³⁴ The fact that the nine artists invited were from both East and West Germany was surely due to the fact that the Paulskirche continued to be viewed as a building for the whole of Germany. However, the two East Germans Werner Tübke and Bernhard Heisig withdrew from the competition owing to commitments awaiting them in East Germany; Tübke was in the process of finishing his Panorama of the Peasant War in Bad Frankenhausen. And since Markus Lüpertz, Gerhard Richter and Anselm Kiefer also dropped out, in October 1987 the jury headed by art expert Friedhelm Mennekes was left to choose one of the four works by Johannes Grützke, Jörg Immendorf, A. R. Penck and Alfred Hrdlicka respectively. There was a clear vote in favor of the Grützke proposal: a long procession of black-clad representatives of the people on their way into the Paulskirche—exuding in equal part the pathos of the office and the irony of everyday scenes. Writing in *Frankfurter Allgemeine Zeitung*, art critic Eduard Beaucamp described this juxtaposition as "contemporary political experiences and moods: everyday routine, drabness and dissatisfaction."³⁵ |14
Second prize went to Immendorf for his comic-like, orange-colored panorama *Brand Fatherland Kinetic,* which is riddled with blue national symbols from varying ideologies, including an eagle, hammer and sickle, swastika and the Brandenburg Gate. |15 Beaucamp praised Immendorf's design as the most complex and ambitious, displaying "an abundance of noisy individual scenes from the Revolution as well as from everyday bourgeois life in German

Alfred Hrdlicka entscheiden. Die Jury votierte klar für den Entwurf von Grützke: ein langer Zug schwarz gekleideter Volksvertreter auf dem Weg in die Paulskirche – gleichsam gespickt mit dem Pathos des Amtes und der Ironie von Alltagsszenen. Dieses Spannungsfeld deutete der Kunstkritiker Eduard Beaucamp in der *Frankfurter Allgemeinen Zeitung* als „zeitgenössische politische Erfahrungen und Stimmungen: Alltag, Durchschnittlichkeit, Verdrossenheit."³⁶ |14

Den zweiten Preis erhielt Immendorf für sein comicartiges, orangefarbenes Panorama *Marke Vaterland kinetisch*, welches mit blauen Nationalsymbolen verschiedener Ideologien durchsetzt ist, darunter ein Adler, Hammer und Sichel, das Hakenkreuz und das Brandenburger Tor. |15 Beaucamp lobte Immendorfs Entwurf als den kompliziertesten und anspruchsvollsten, der „nach futuristisch-simultaner Manier in eine Überfülle lärmender Einzelszenen aus der Revolution, aber auch aus dem deutschen Spießeralltag in Stadt und Land facettiert"³⁷ sei. Den dritten Preis erhielt Penck für einen felsbildartigen Fries aus schwarzen Figuren und Zeichen. |16 Hrdlicka schied aus, da er mit seinen plastischen Bronzeentwürfen die Wettbewerbsbedingungen nicht erfüllt hatte.

Im April 1991 wurde der von Grützke großflächig auf Leinwände gemalte und auf gebogene Holzplatten gezogene *Zug der Volksvertreter* feierlich enthüllt. Die Betrachtung seiner mehr als 200 Parlamentarier (und ein paar Schweine) wird durch die gedrungenen Säulen der Wandelhalle unterbrochen, und so letztlich erleichtert. Das in der Kunstwelt umstrittene Wandbild kritisierte Hans-Joachim Müller in der *Zeit* als Malerei „mit ziemlich kurzem Verfallsdatum", die „niemandem weh tut".³⁸ Beaucamp hingegen staunte freudig über „etwas so Anachronistisches […], was gemeinhin nicht mehr für möglich gehalten wurde."³⁹ |17

Ein deutscher Mythos: 1848 oder 1948?

Nach Vollendung des Wandbilds waren alle Lücken gefüllt, die es noch zu schließen galt, und die Paulskirche war fertig. Man hätte meinen können, auch die Frage nach Rekonstruktion sei nun erschöpfend durchdekliniert worden und ein für alle Mal mit Nein beantwortet. Wieso ist die Diskussion dennoch wieder entbrannt? Die Ausgangssituation von 2018/19 ähnelt der der 1980er Jahre: Eine technische Sanierung der Paulskirche steht bevor, die Teile der Bevölkerung und der Politik nutzen wollen, um auch gestalterisch einzugreifen und die in ihren Augen fehlgeschlagene Wiederaufbau-Lösung zu korrigieren. Solche Situationen bezeichnet die Forschung als „Gelegenheitsfenster"⁴⁰, die nach einer ohnmächtigen Unzufriedenheit mit dem Status quo plötzlich eine realistische Aussicht auf Veränderung eröffnen. Im Gegensatz zu den trockenen Fragen der Technik und der wissenschaftlichen Sperrigkeit der Denkmalpflege ist die Vorstellung einer

|13

|14

|15

|16

|13 Planungsgemeinschaft Paulskirche, Ansicht der Wandelhalle mit angedeutetem Wandbild, ca. 1946 |14–16 Entwürfe zum Wettbewerb „Fresko für die Paulskirche", 1987: |14 Johannes Grützke, *Der Zug der Volksvertreter* |15 Jörg Immendorf, *Marke Vaterland kinetisch* |16 A. R. Penck, o. T.

|13 Paulskirche Planning Committee, View of the foyer with suggestion of a mural, c. 1946 |14–16 Designs for the competition "Fresco for the Paulskirche," 1987: |14 Johannes Grützke, *The Procession of the Representatives* |15 Jörg Immendorf, *Brand Fatherland Kinetic* |16 A. R. Penck, Untitled

|17 Johannes Grützke, *Der Zug der Volksvertreter*, 1991, Foto: 2019 |17 Johannes Grützke, *The Procession of the Representatives*, 1991, photo: 2019

Rekonstruktion also durchaus bildgewaltig und birgt „Entrückungspotenzial"⁴¹. Vorbild war in Frankfurt damals die kurz zuvor geglückte Rekonstruktion der Römerberg-Ostzeile; heute ist es der Bau der Neuen Altstadt.

In der Legitimation spielt die „Bezugnahme auf einen Mythos"⁴² eine zentrale Rolle. Der Mythos stattet das Gebäude mit einer Bedeutung aus, die es übersteigt. Im Fall der Paulskirche ist dies die Erinnerung an die Nationalversammlung 1848, der das Gebäude den passenden Rahmen zu geben habe. Doch so einfach ist es nicht, wie die vergangenen und aktuellen Diskussionen zeigen; der demokratische Neubeginn der Bundesrepublik, für den der Wiederaufbau steht, taugt inzwischen auch zum wirkmächtigen Mythos. So kann die wieder aufgebaute Paulskirche der einschlägigen Rekonstruktionsargumentation durchaus Paroli bieten.

Ähnlich zweischneidig stellt sich die stilistische Einordnung dar. Die Rekonstruktionsbefürworter bedienen sich einer „Vergrößerungslogik"⁴³, indem sie den Urzustand verehren und anschließende Überformungen, die es bereits vor dem Krieg gab, nicht thematisieren. So wird eine klassizistische Paulskirche beschworen, die sich beim Blick in die Baugeschichte als stilistischer Kompromiss erweist.⁴⁴

Interessanterweise kann aber die gleiche Argumentation auch gegen die Architektur des Wiederaufbaus verwendet werden. In den Äußerungen der Fachleute schwingt eine gehörige Portion Verehrung für Rudolf Schwarz mit. Es fällt ihnen schwer, neben der Hand des Meisters auch andere künstlerische Gestaltungen zu dulden. Deutlich wird dies vor allem an den Fenstern des Künstlers Wilhelm Buschulte, die seit jeher umstritten sind, obwohl Buschulte 1986 den Wettbewerb gewann, für seine strengen, farblosen Grisaillefenster deutschlandweit geschätzt wurde – und sogar seit Ende der fünfziger Jahre mit Schwarz befreundet war.⁴⁵

Ein zentraler Unterschied zwischen der heutigen Situation und der der achtziger Jahre liegt in den treibenden Kräften des Rekonstruktionsbegehrens. Hatte es damals seinen Ursprung im Magistrat, der mit einer pseudo-historischen Paulskirche die Frankfurter Position auf der bundespolitischen Bühne stärken wollte, kommt es heute aus der Bevölkerung. In einer neuen Art des Ehrenamts erkennt die Forschung „eine deutliche Verschiebung von dem Bedürfnis, einen Dienst für das Gemeinwohl zu leisten, hin zur Betonung von Selbstverwirklichung und Selbstentfaltung"⁴⁶, die ihren Ausdruck im Erreichen eines konkreten Ziels findet, zum Beispiel einer gelungenen Rekonstruktion. So hat sich in Frankfurt der Verein „Demokratiedenkmal Paulskirche" gegründet, Vorsitzender ist Georg Wässa, der außerdem Vorstandsmitglied der Jungen Liberalen Frankfurt ist. Er spricht sich für die Wiederherstellung eines Kuppeldachs und einer Empore aus, um die Zeitschicht von 1848 zu betonen, vermeidet dabei aber die Forderung nach einem historisierenden Stil.⁴⁷

towns and villages in a futuristic-simultaneous manner."³⁶ Penck received third prize for a frieze consisting of black figures and symbols that resembled rock art. |16 Hrdlicka was disqualified; his sculptural bronze designs did not meet competition requirements.

In April 1991 *The Procession of the Representatives*, painted by Grützke on large canvases and mounted on curved wooden panels, was officially unveiled. The view of his over 200 parliamentarians (and a few pigs) is interrupted and thus facilitated by the squat columns of the foyer. Writing in *Die Zeit*, Hans-Joachim Müller criticized the controversial mural as a painting "with a rather short sell-by date" that "does no one any harm."³⁷ Beaucamp, by contrast, was astonished and delighted about "something so anachronistic […] that was generally no longer considered possible."³⁸ |17

A German Myth: 1848 or 1948?

When the mural was finished all the remaining gaps had been filled, and the Paulskirche was complete. One could have thought that now the question of reconstruction had also been exhaustively examined and answered with a definitive 'no.' So why has the debate flared up again? The initial situation in 2018–19 resembles that of the 1980s: A technical overhaul of the Paulskirche is imminent, which some members of civil society and some politicians wish to use to additionally make changes to the design and thus correct what they consider to be a failed attempt at rebuilding. Researchers label such situations "windows of opportunity,"³⁹ suddenly providing a realistic prospect of change on the back of a helpless dissatisfaction with the status quo. Unlike the dry questions relating to technical installations and the scientific unwieldiness of monument preservation, the idea of reconstruction is certainly visually powerful and bears "potential for rapture."⁴⁰ In the 1980s, the template in Frankfurt was the successful reconstruction of the eastern side of the Römerberg plaza completed shortly before; today it is the construction of the New Old Town.

In terms of legitimation the "reference to a myth"⁴¹ plays a key role. The myth lends the building a significance that surpasses it. In the case of the Paulskirche this is the memory of the National Assembly in 1848, for which the building was to provide the appropriate framework. Yet it is not that simple, as the past and current discussions show. Indeed, the democratic rebirth of the Federal Republic, for which the rebuilt version stands, can now also be considered a powerful myth. As such, the rebuilt Paulskirche can certainly hold its own against the reconstruction arguments.

The stylistic categorization is similarly double-edged. Those in favor of reconstruction refer to a "logic of oversimplification"[42] by honoring the original state of the building and ignoring subsequent reshaping carried out even before the War. In this way, they invoke a Classicist Paulskirche, which when glancing at the construction history turns out to be a stylistic compromise.[43]

Interestingly however, the same argument can also be used against the rebuilt architecture. The statements of the experts contain a great deal of admiration for Rudolf Schwarz. They have difficulty tolerating other artistic expressions alongside the master's work. This is particularly evident regarding the windows by artist Wilhelm Buschulte, which have always been controversial despite the fact that Buschulte won the 1986 competition, was respected across Germany for his austere, colorless grisaille windows—and was even friends with Schwarz from the late 1950s onwards.[44]

One key difference between the present-day situation and that of the 1980s concerns the driving forces behind the push for reconstruction. Whereas back then these forces originated in the City Council, which sought to strengthen Frankfurt's position on the national political stage with a pseudo-historical Paulskirche, today they stem from the population. In a new kind of honorary office, researchers have identified "a clear shift away from the need to render a service for the common good and towards an emphasis on self-realization and self-development,"[45] which is expressed in the achievement of a specific goal, for instance a successful reconstruction. Thus the private association "Democratic Monument Paulskirche" has been founded in Frankfurt, chaired by Georg Wässa, who is also a member of the Board of the Frankfurt Young Liberals. He is championing the reinstatement of a domed roof and a gallery, in order to emphasize the impression of 1848, but stops short of calling for a historicizing style.[46]

"This Is Where The People Sat": Current Positions

The coalition of Conservatives, Social Democrats and Greens in City Hall, in power since 2016, backs preserving the rebuilt version.[47] Municipal Buildings Councilor Jan Schneider (a Conservative) recognizes that the planning committee "consciously opted for a simple form" that stands "for the hopes of the postwar era and a free democratic order that has now been in existence for 70 years." Whereas Lord Mayor Peter Feldmann (a Social Democrat) wishes to see "a broad discussion on the shape of the design"[48] and as such consciously

„Hier saß das Volk": Aktuelle Positionen

Die seit 2016 regierende Römerkoalition von CDU, SPD und Grünen steht hinter dem Erhalt des Wiederaufbaus.[48] Baudezernent Jan Schneider (CDU) würdigt, dass die Planungsgemeinschaft sich „bewusst für eine schlichte Form entschieden" hat, die „für die Hoffnungen der Nachkriegszeit und eine mittlerweile seit 70 Jahren bestehende freiheitlich-demokratische Grundordnung" stehe. Während sich Oberbürgermeister Peter Feldmann (SPD) „eine breite Diskussion über die Form der Gestaltung"[49] wünscht und damit bewusst oder unbewusst populistische Rekonstruktionshoffnungen nährt, bekennt sich die SPD-Fraktion eindeutig zur „behutsame[n] Modernisierung der selbst schon Denkmal gewordenen Architektur von Rudolf Schwarz". Die Linke geht noch einen Schritt weiter. Sie sieht die Rekonstruktionsbestrebungen als Teil eines „Trend[s], die Zerstörungen in Folge des deutschen Angriffskriegs aus dem Blickfeld zu tilgen" und bezeichnet sie als „geschichtsvergessen". Abgesehen vom Gebäude der Paulskirche besteht zwischen CDU, SPD, Grünen, FDP und Linken der breite Konsens darüber, ein Dokumentationszentrum zur Geschichte des Parlaments und des Gebäudes einzurichten. Als Ort nennen CDU und SPD das Erdgeschoss der benachbarten Stadtkämmerei, der Oberbürgermeister und die Jungen Liberalen befürworten einen Neubau auf der Freifläche im Nordwesten der Paulskirche.

Widerspruch gegen die Erhaltungspläne ertönt von der rechtspopulistischen Opposition, also der Alternative für Deutschland (AfD) und vor allem den Bürgern für Frankfurt (BFF), die 2005 aus völkischer Motivation den ersten Antrag auf das stellten, was vom Magistrat später als Neue Altstadt tatsächlich umgesetzt wurde.[50] Sie fordern, „die Gestaltung der Nachkriegszeit zu verändern", und zwar „in Richtung des historischen Erscheinungsbildes von 1848". Dabei nennen sie primär „die ursprüngliche Dachform" sowie „die von Säulen getragenen Emporen".

Eine wichtige Rolle in der aktuellen Debatte spielt ein Artikel des *Zeit*-Feuilletonisten Benedikt Erenz, der für den Bestand Worte wählt wie „kalte Verwahrlosung … edle Buß- und Reu-Architektur … endlos leerer weißer, purgierter, gleichsam abstrakter Raum … Sakro-Existenzialismus"[51]. Erenz plädiert besonders für eine Rückkehr der Empore in moderner Form, um die demokratische Geschichte zu verdeutlichen: „Denn hier saß das Volk. Hier saßen wir, die Bürgerinnen und Bürger, erstmals in unserer Geschichte als Souverän im deutschen Haus."[52] Dieser Artikel traf im Herbst 2017 offensichtlich einen Nerv und brachte die öffentliche Debatte ins Rollen. Nach wie vor berufen sich politische Parteien verschiedener Couleur auf den Text, so die BFF, die FDP oder der für die Altstadt zuständige Ortsbeirat.

Mit dem Rückenwind des großen Echos legte Erenz noch zwei Texte nach. Zuerst beschwor er seine Idee einer modernen Wiederherstellung, indem er sowohl ablehnte, dass „der Zustand von 1848 herbeigeschwindelt"[53] wird, als auch, dass „der verlogene Zustand von 1948 konserviert"[54] wird – verwässerte diese jedoch bald wieder, als er sich gleichgültig zeigte, „ob man das Innere nun rekonstruiert oder in moderner Form umgestaltet"[55]. Klar ist für ihn, dass „der parlamentarische Raum wiederhergestellt werden"[56] soll. Dazu müsse „die fatale Krypta verschwinden"[57], um Platz für die Empore zu machen. Diese löst das Steildach, das in den achtziger Jahren im Fokus der Debatte stand, als zentrale Forderung ab, getragen vom scheinbar unumstößlichen Argument „Hier saß das Volk".

Dieser Vorstoß provozierte Kritik, unter anderem von Julika Tillmanns im Hessischen Rundfunk, die ihn als „falsches, ja gefährliches Signal" verurteilte, das „die Wunden der Geschichte schließ[t], die Spuren der Barbarei verschwinden mach[t]."[58] Das wieder aufgebaute Gebäude hingegen habe mit dem „Geist von Klarheit, Aufklärung und Demokratie" den „Weg in die Moderne" gewiesen.[59] Und schon war die Diskussion wieder in vollem Gange, die Ende der achtziger Jahre eigentlich als überstanden galt. Während damals der offene Brief die Meinungsäußerung der Wahl war, ist es heute der Klick in Online-Umfragen. Die Frankfurter *Bild*-Zeitung rief im Sommer 2018 zur Abstimmung zwischen Sanierung und Rekonstruktion, zwischen „nüchtern-karge[m] Innenausbau" und „mächtige[r] Empore"[60] auf. Das freilich nicht repräsentative Ergebnis: 84 Prozent Zuspruch für eine Rekonstruktion. Dies wäre ein Sieg des Populismus über die inhaltliche Auseinandersetzung mit dem Baudenkmal.

or unconsciously nurtures populist hopes of reconstruction, the Social Democrats as a party clearly favor the "careful modernization of the architecture of Rudolf Schwarz, which has itself already assumed monument status." The Leftists go a step further, viewing the reconstruction efforts as part of a "trend to erase from sight the destruction resulting from the German war of aggression" and terming it "ignoring history." The Paulskirche building aside, the Conservatives, Social Democrats, Greens, Liberals and Leftists widely agree on establishing a documentation center addressing the history of the parliament and the building. The Conservatives and Social Democrats envisage it on the ground floor of the neighboring City Treasury, while the Lord Mayor and the Young Liberals favor a new build on the empty space northwest of the Paulskirche.

Resistance to the preservation plans can be heard from the right-wing populist opposition, i.e. Alternative für Deutschland (AfD) and above all from Bürger für Frankfurt (BFF), which in 2005 was prompted by some populist right-wing narrative to file the first application for the construction of what the City Council later implemented as the New Old Town.[49] They are calling for "the design of the postwar era to be changed," namely "in favor of the historical appearance of 1848." Here they primarily cite "the original roof shape" and "the galleries borne by columns."

A newspaper article by Benedikt Erenz, who writes for the culture section of *Die Zeit*, plays an important role in the current debate. He refers to the existing building with words such as "cold neglect … exquisite architecture of penance … endlessly empty white, purged, quasi abstract space … sacro-existentialism."[50] Erenz particularly calls for a return of the gallery in modern form, to underline the democratic history: "For this is where the people sat. Here we sat, the citizens, sovereign in the German House for the first time in our history."[51] This article obviously hit a nerve in fall 2017 and sparked the public debate. Political parties of various orientations continue to refer to the text, including the BFF, the Liberals and the local advisory council responsible for the Old Town.

Spurred on by the huge response, Erenz published two more articles. First he fleshed out his idea of a modern restoration by rejecting both "a return to the state of 1848 by means of cheating"[52] and "the preservation of the mendacious state of 1948"[53]–but watered this down soon after by claiming indifference to "whether the interior was reconstructed or redesigned in modern form."[54] For him, it is clear that "the parliamentary space shall be resurrected."⁵⁵ To this end, the "fatal crypt needs to disappear"⁵⁶ to make space for the gallery. The latter replaces the steep roof which was the focus of the debate in the 1980s as the key feature, driven by the seemingly incontrovertible argument "This is where the people sat."

This initiative triggered criticism, among others on the part of Julika Tillmanns at Hessischer Rundfunk radio station, who condemned it as the "wrong, indeed a dangerous signal" that "closes the wounds of history, erases the traces of barbarism."⁵⁷ The rebuilt edifice, by contrast, pointed "the path into a modern society in the spirit of clarity, Enlightenment and democracy."⁵⁸ And thus the debate was back in full swing which many had thought had been completely exhausted in the late 1980s. While back then open letters were the medium of choice for expressing an opinion, today the choice falls on clicking online surveys. The Frankfurt edition of the boulevard newspaper *Bild* called on readers in summer 2018 to vote for either modernization or reconstruction, for either "a sober-sparse interior architecture" or an "impressive gallery."⁵⁹ The result was of course not representative, but 84 percent backed reconstruction. That would be a victory of populism over an in-depth examination of the monument.

[1] Rudolf Schwarz, *Kirchenbau. Welt vor der Schwelle*, Heidelberg 1960, S. 93.
[2] Ebenda.
[3] Siehe in diesem Band Michael Falser, S. 104–121.
[4] Siehe in diesem Band Thomas Bauer, S. 44–67.
[5] Vgl. Christina Gräwe, *Schaupp, Gottlob*, in: Evelyn Brockhoff u. a. (Hg.), *Akteure des Neuen Frankfurt*, Frankfurt 2016, S. 169.
[6] Vgl. Wolfgang Pehnt, „Opfergang." Die Frauenfriedenskirche, in: Wolfgang Pehnt / Hilde Strohl (Hg.), *Rudolf Schwarz. Architekt einer anderen Moderne*, Ostfildern-Ruit 1997, S. 52–55.
[7] Vgl. Wolfgang Pehnt, „Baukunst aus der Armut." St. Fronleichnam, in: Pehnt / Strohl (wie Anm. 6), S. 70–77.
[8] Vgl. Christina Gräwe, *Blanck, Eugen*, in: Brockhoff u. a. (wie Anm. 5), S. 87/88.
[9] Vgl. Hilde Strohl, *Werkverzeichnis Rudolf Schwarz*, in: Pehnt / Strohl (wie Anm. 6), S. 232–256.
[10] Vgl. Claudia Quiring, *Die Totale Gesundung – Vom Umgang mit der Altstadt in Frankfurt am Main und Dresden in den 1920er und 1930er Jahren*, in: Philipp Sturm / Peter Cachola Schmal (Hg.), *Die immer Neue Altstadt. Bauen zwischen Dom und Römer seit 1900*, Berlin 2018, S. 50–63.
[11] *Der Vater der Altstadt geht*, in: *Der Spiegel*, Nr. 7, 1947, S. 16.
[12] Vgl. Hilde Strohl, *Wiederaufbauplanung Lothringen*, in: Pehnt / Strohl (wie Anm. 6), S. 254–256. Vgl. auch Hartmut Frank, *Versuchsfeld Westmark 1941-1944*, in: Jean-Louis Cohen / Hartmut Frank, *Interferenzen. Deutschland Frankreich Architektur 1800–2000*, Tübingen 2013, S. 326-333.
[13] Vgl. Gräwe, *Blanck* (wie Anm. 8).
[14] Vgl. Jan Lubitz, *Johannes Krahn*, in: Derselbe, *architekten-portrait*, September 2005, http://www.architekten-portrait.de/johannes_krahn/index.html (22.5.2019).
[15] *Blau und Dur*, in: *Der Spiegel*, Nr. 21, 1948, S. 3/4, hier S. 3.
[16] Vgl. ebenda.
[17] Ebenda.
[18] Vgl. Almut Gehebe, *Demokratischer Symbolismus. Die Parlamentsrotunde*, in: Dieter Bartetzko (Hg.), *Sprung in die Moderne. Frankfurt am Main, die Stadt der 50er Jahre* (Die Zukunft des Städtischen. Frankfurter Beiträge Bd. 7), Frankfurt / New York, 1994, S. 60 – 66, hier S. 63/64.
[19] *Paulskirche. Bis ins hohe Alter*, in: *Der Spiegel*, Nr. 42, 1951, S. 12/13.
[20] Vgl. Hans-Erhard Haverkampf, *Meinung zur Restaurierung der Kirche*, in: *Baumeister*, Nr. 6, 1983, S. 597/598, hier S. 598.
[21] *Die Paulskirche ist ein Denkmal des Neubeginns*, in: *Frankfurter Rundschau*, 4.9.1982.
[22] Haverkampf (wie Anm. 20), S. 597.
[23] Vgl. Günter Bock, *Die Paulskirche in Frankfurt. Opfer offensiver Denkmalpflege?*, Abendvorlesung in der Paulskirche, 11.11.1982, S. 4, ISG.
[24] Resolution der 70. Delegiertenversammlung des BDA, gerichtet an den Magistrat der Stadt Frankfurt, in: *Der Architekt*, Nr. 1, 1983, S. 4.
[25] Fachgruppe Stadt, TU Darmstadt: *Streit um die Paulskirche*, in: *Arch+*, Nr. 69/70, 1983, S. 10.
[26] Gottfried Kiesow, *Meinung zur Restaurierung der Kirche*, in: *Baumeister*, Nr. 6, 1983, S. 596/597, hier S. 597.
[27] Heinz Schomann, *Meinung zur Restaurierung der Kirche*, in: *Baumeister*, Nr. 6, 1983, S. 598.
[28] Hans-Erhard Haverkampf, *Offener Brief*, in: *Bauwelt*, Nr. 42, 1982, S. 1715.
[29] Dieter Bartetzko, *Triumph- oder Mahnmal? Die Frankfurter Paulskirche als Objekt eines städtebaulichen Wettbewerbs*, in: *Kritische Berichte*, Nr. 3, 1983, S. 41–58, hier S. 54.
[30] Walter Wallmann, *Paulskirche und Paulsplatz*, in: Magistrat der Stadt Frankfurt am Main (Hg.), *Städtebaulicher Gutachterwettbewerb. Die Umgebung der Paulskirche*, Frankfurt 1983, S. 5/6, hier S. 6.
[31] Bartetzko (wie Anm. 29), S. 56.
[32] Siehe in diesem Band Annette Krapp, S. 76–93.
[33] Vgl. Wendelin Leweke, *Zur Geschichte des Wettbewerbs*, in: Magistrat der Stadt Frankfurt am Main (Hg.), *Ergebnis eines Wettbewerbs Fresko für die Paulskirche*, Frankfurt 1988, o.S.
[34] Planungsgemeinschaft Paulskirche (Rudolf Schwarz / Johannes Krahn / Gottlob Schaupp / Eugen Blanck), *Denkschrift zur Fortsetzung des Wiederaufbaus der Paulskirche*, 1960, S. 12, ISG, Nachlass Eugen Blanck, S1-177/22.

34 Leweke (see note 32).
35 Eduard Beaucamp, "Volksvertreter," in: *Frankfurter Allgemeine Zeitung*, (April 13, 1991).
36 Eduard Beaucamp, "Paulskirche: Ein Bildwettbewerb," in: *Frankfurter Allgemeine Zeitung*, (October 29, 1987).
37 Hans-Joachim Müller, "Schlurfen für Deutschland," in: *Die Zeit*, no. 17, (1991).
38 Beaucamp 1991 (see note 35).
39 Uwe Altrock, Grischa Bertram & Henriette Horni, "Bürgerschaftliches Engagement als Katalysator für Rekonstruktionen," in: Winfried Nerdinger (ed.), *Geschichte der Rekonstruktion. Konstruktion der Geschichte* (exh. cat. Architekturmuseum der TU München), (Munich, etc., 2010), pp. 156–67, here p. 163.
40 Ibid., p. 164.
41 Ibid.
42 Ibid.
43 See also Lucia Seiß in this book, pp. 32–43.
44 Cf. Annette Jansen-Winkeln, "Wilhelm Buschulte. Zu Leben und Werk," in: Jansen-Winkeln (ed.), *Künstler zwischen den Zeiten. Wilhelm Buschulte*, (Eitorf, 1999), pp. 73–74.
45 Altrock et al. (see note 39), p. 159.
46 See note 47.
47 The following positions of the political players on the Paulskirche are cited, unless otherwise stated, from the answers provided by those in question when asked by the DAM in spring 2019.
48 Claus-Jürgen Göpfert, "Peter Feldmann im Interview. Eine große Debatte über die Zukunft der Paulskirche," in: *Frankfurter Rundschau*, (November 5, 2018), https://www.fr.de/frankfurt/eine-grosse-debatte-ueber-zukunft-paulskirche-10949395.html (last accessed May 28, 2019).
49 Cf. Stephan Trüby, "Die Einstecktuchisierung verrohter Bürgerlichkeit. Wie Rechte in Frankfurt und anderswo eine alternative deutsche Geschichte zu rekonstruieren versuchen," in: Sturm & Schmal (see note 10), pp. 168–75, here p. 172.
50 Benedikt Erenz, "Was wird aus der Paulskirche?," in: *Die Zeit*, no. 42, (2017).
51 Ibid.
52 Benedikt Erenz, "Der Platz für das Volk," in: *Die Zeit*, no. 22, (2018).
53 Ibid.
54 Benedikt Erenz, "Ranzige Trübnis," in: *Die Zeit*, no. 34, (2018).
55 Ibid.
56 Erenz, "Platz" (see note 52).
57 Julika Tillmanns, "Kommentar. Die Paulskirche ist Sinnbild der Moderne, kein 'nationaler Sanierungsfall'!," in: *HR2 Kultur*, (August 17, 2018), https://www.hr2.de/kommentar-tillmanns-paulskirche,audio-14122.html (last accessed May 28, 2019).
58 Ibid.
59 Sönke Schulenburg & Stefan Schlagenhaufer, "So wollen 84% die Paulskirche," in: *Bild Frankfurt*, (July 17, 2018), https://www.bild.de/regional/frankfurt/paulskirche/bild-leser-abstimmung-so-wollen-84-prozent-die-paulskirche-56348840.bild.html (last accessed April 24, 2019).

KIRCHE – PARLAMENT – KIRCHE
DIE HISTORISCHE BAU- UND NUTZUNGSGESCHICHTE BIS 1944
CHURCH – PARLIAMENT – CHURCH
THE HISTORY OF CONSTRUCTION AND USE UNTIL 1944

Lucia Seiß

As a center of German democracy, Frankfurt's Paulskirche is deeply rooted in people's minds–in the years 1848-49 the German National Assembly convened here. By contrast, to date relatively little attention has been paid to the building itself. Its Classicist style, which has not rarely been called overly sober or even disparaged for a "shortfall in artistic design,"[1] evidently often prevents people from noticing its special features. If one considers the origins of this Protestant church building and its complex construction history (defined by countless different players, interruptions, and changes), it is certainly surprising that in the nearly 50 years it took to build such a coherent edifice arose.

Planning and Construction from 1786 to 1833

The Paulskirche was built at the instruction of the Senate (originally the "Council") of the City of Frankfurt and a civic building commission. From 1782 onwards both debated the pros and cons of a new main Protestant/Lutheran church to replace the dilapidated Barfüsserkirche.[2] |01 Initially, the intention was to modernize this slender, single-aisled church,[3] erected in the 13th century by the Franciscan Order as part of its monastery complex. However, in 1786 a decision was taken to tear it down. Planning for the new building started the same year.[4]

The goal was to create a Protestant ideal church as a central-plan building, suitable for religious services where the members of the parish gather around the preacher. This form of liturgy was increasingly practiced from the 17th century onwards and at the latest by the 18th century started to be reflected in the layout of church buildings–partly by converting existing structures and partly in more perfect form in newly built structures.[5] It was such an edifice that the Frankfurt civic representatives requested for their new main church.

From the outset, there were difficulties owing to the confined space at the site in the middle of the Old Town. |02 Municipal Architect Andreas Liebhardt, who had been commissioned, therefore proposed an oval footprint, something that had until then hardly been used at all for Lutheran churches, but in this case provided for the largest number of seats with a free view of the vicar. The civic building commission advocated this solution.[6] The City Senate was not, however, convinced.

This prompted national and international architects and even Frankfurt master craftsmen to submit their own proposals–in total there were more than 20. They cast into question again some of the items the Senate had initially called for, such as the large standalone

Die Frankfurter Paulskirche ist als zentraler Ort der deutschen Demokratie tief im Denken der Menschen verankert – in den Jahren 1848/49 wurde hier die Nationalversammlung abgehalten. Dem Bauwerk selbst hingegen ist bislang eher nur geringere Beachtung geschenkt worden. Seine klassizistische Formensprache, die nicht selten als zu nüchtern bezeichnet oder gar auf „geringes künstlerisches Gestaltungsvermögen"[1] reduziert wurde, verhindert anscheinend oft, sich seine Besonderheiten vor Augen zu führen. Betrachtet man die Entstehung dieses protestantischen Kirchenbaus und seine komplexe Baugeschichte – bestimmt von zahlreichen Akteuren, Bauunterbrechungen und Änderungen – kann es nur verwundern, dass in beinahe 50-jähriger Bauzeit solch ein augenscheinlich einheitliches Gebäude entstehen konnte.

Planung und Bau von 1786 bis 1833

Bauherren der Paulskirche waren der Senat (anfangs noch „Rat") der Stadt Frankfurt und eine bürgerliche Baukommission. Beide diskutierten bereits ab 1782 über eine neue evangelisch-lutherische Hauptkirche, die die baufällige Barfüßerkirche ersetzen sollte.[2] |01 Anfangs beabsichtigte man noch, diese schmale, von den Franziskanern im 13. Jahrhundert als Teil ihres Klosters erbaute Saalkirche[3] zu renovieren, entschied sich dann 1786 aber doch, sie abzureißen. Die Planungen für den Neubau begannen im gleichen Jahr.[4]

Ziel war, eine protestantische Idealkirche als Zentralbau zu errichten, geeignet für eine Liturgie, bei der sich die Gemeinde um den Prediger versammelt. Diese wurde seit dem 17. Jahrhundert verstärkt praktiziert und fand sich spätestens ab dem 18. Jahrhundert zunehmend auch in den Kirchenbauten wieder – teils in Umbauten, formvollendeter aber auch in zentralräumlichen Neubauten.[5] Einen solchen wünschten sich die Frankfurter Bürgervertreter für ihre neue Hauptkirche.

Probleme bereitete von Anfang an vor allem die beengte städtebauliche Situation des mitten in der Altstadt gelegenen Bauplatzes. |02 Der beauftragte Stadtbaumeister Andreas Liebhardt schlug daher einen ovalen Grundriss vor, der im lutherischen Kirchenbau bislang kaum Anwendung gefunden hatte, aber in diesem Fall die größte Anzahl von Plätzen mit freier Sicht auf den Pfarrer ermöglichte. Die bürgerliche Baukommission sprach sich für diese Lösung aus.[6] Der städtische Senat war noch nicht überzeugt.

Das veranlasste nationale und internationale Architekten und auch Frankfurter Handwerksmeister, eigene Entwürfe vorzulegen, insgesamt mehr als zwanzig an der Zahl. Dabei standen auch ursprüngliche Vorgaben des Senats wie beispielsweise der große Solitärturm wieder zur Disposition. Dies lässt darauf schließen, dass Liebhardts spätbarocke Fassadengestaltung nicht den Nerv der Zeit getroffen hatte.[7] |03 Der Mannheimer Hofarchitekt Nicolas de Pigage zum Beispiel schlug einen

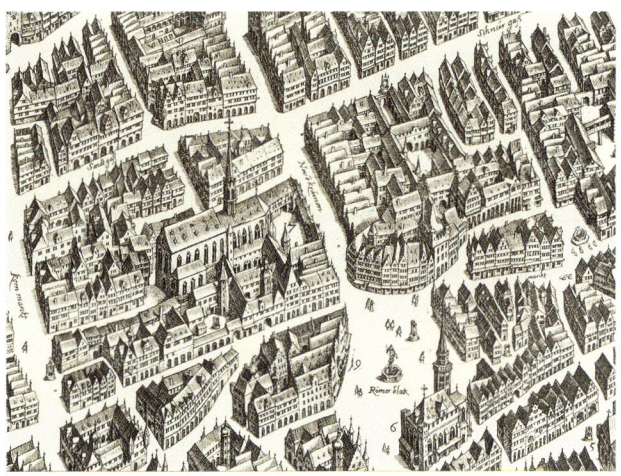

|01

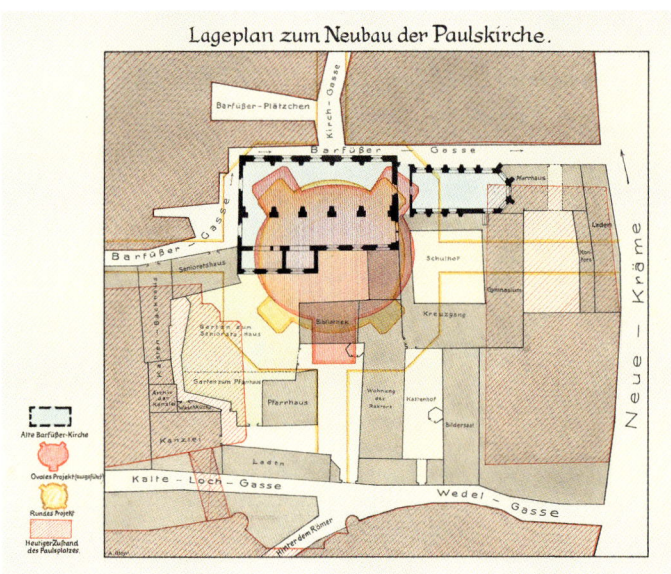

|02

|03

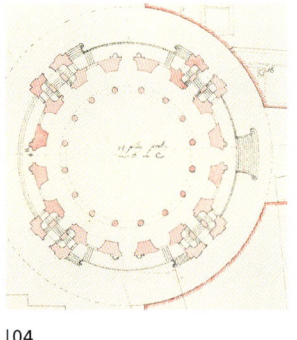

|04

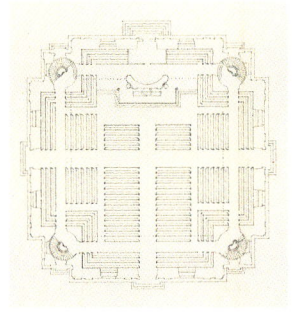

|05

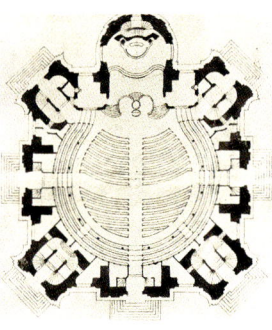

|06

|01 Matthäus Merian d. Ä., Stadtplan von Frankfurt am Main, Ausschnitt mit der Barfüßerkirche, 1628 |02 Adolf Gloyr, Lageplan mit Grundrissvarianten zum Bau der Paulskirche |03 Andreas Liebhardt, Entwurf der Paulskirche, 1786 |04-06 Grundrissvorschläge für die Paulskirche: |04 Nicolas de Pigage, 1787 |05 vermutlich Andreas Liebhardt, 1786 |06 Andreas Liebhardt, ca. 1787

|01 Matthäus Merian Sr., Map of Frankfurt/Main, section showing the Barfüsserkirche, 1628 |02 Adolf Gloyr, Site plan with different layouts for the new Paulskirche |03 Andreas Liebhardt, Design proposal for the Paulskirche, 1786 |04-06 Suggested layouts for the Paulskirche: |04 Nicolas de Pigage, 1787 |05 Andreas Liebhardt (presumably), 1786 |06 Andreas Liebhardt, c. 1787

|07

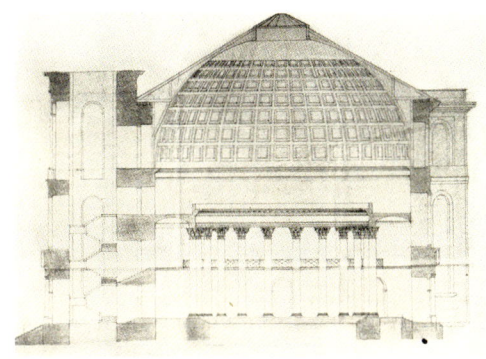

|08

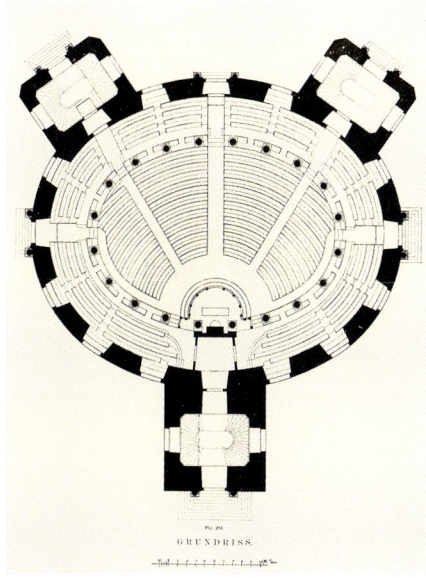

|09

|07 Georg Hess, Entwurf der Paulskirche, 1789 |08 Johann Friedrich Hess, Innenraumentwurf für die Paulskirche, 1821 |09 Johann Friedrich Hess, Grundriss der Paulskirche

|07 Georg Hess, Design proposal for the Paulskirche, 1789 |08 Johann Friedrich Hess, Interior design proposal for the Paulskirche, 1821 |09 Johann Friedrich Hess, Layout of the Paulskirche

runden Bau mit vier kleineren statt eines großen Turms vor. |04 Verschiedene Baumeister, unter ihnen auch Liebhardt selbst, griffen dieses Motiv der vier Türme auf und kombinierten es mit unterschiedlichen, auch quadratischen Grundrisslösungen.[8] |05 Andere zitierten in ihren Entwürfen berühmte Kirchenbauten wie Sant'Andrea al Quirinale in Rom, Londons St. Paul's Cathedral oder die Dresdner Frauenkirche.[9] |06 1787 einigte man sich auf einen ovalen Grundriss mit einem Solitär- und zwei niedrigeren Treppentürmen auf Basis von Liebhardts Entwürfen. Das sorgte allerdings nur kurz für Ruhe: Liebhardt erkrankte, musste seinen Posten als Stadtbaumeister aufgeben und starb kurz darauf. Sein Nachfolger Georg Hess, der bereits zuvor mit eigenen Vorschlägen in das Projekt involviert war, wurde nun angehalten, Liebhardts Pläne in Zusammenarbeit mit dessen Zeichner Fuss zu vollenden – allerdings unter Berücksichtigung einer Reihe von Anforderungen des städtischen Bauamts. Diese sahen unter anderem ein steiles Dach anstelle eines kuppelförmigen vor sowie eine Vergrößerung des oberen Geschosses einschließlich der Fenster.[10] |07 Im Inneren übernahm Hess Liebhardts Gestaltung mit zwei Emporen, ein häufiges Motiv des protestantischen Kirchenbaus. Nachdem während der verfahrenen Planungsphase sogar die Berliner Bauakademie um Rat gebeten worden war,[11] wurde diese klassizistische, beinahe schmucklose Umgestaltung des spätbarocken Entwurfs Liebhardts schließlich angenommen und ab 1789 unter Hess ausgeführt.[12]

Bis 1792 konnte der Rohbau bis auf das Dach und die Türme fertiggestellt werden. Durch die Französische Revolution und die daran anschließenden Kriege zwischen Frankreich und Deutschland, von denen auch Frankfurt durch Besetzungen betroffen war, kam es zum nahezu vollständigen Stillstand der Bauarbeiten. Tributzahlungen beschnitten die finanziellen Mittel fast gänzlich. Durch die zahlreichen Öffnungen des Baus trat in den folgenden Jahren Feuchtigkeit ein, was erhebliche Schäden im Inneren verursachte. Erst 1796 konnten das Dach aufgesetzt, 1801 die Decke und ein Jahr später die Fenster eingebaut werden.[13] Um neue Gelder für den Weiterbau aufzubringen, wurde der Rohbau als Lagerhalle vermietet. Das führte zu weiteren Schäden an der unvollendeten Kirche und stellte den Abschluss der Bauarbeiten zwischenzeitlich sogar grundsätzlich infrage.[14] Erst nach dem Wiener Kongress und der Wiedergründung Frankfurts als Freie Stadt 1816 konnte die Arbeit wieder aufgenommen werden.

Unter Johann Friedrich Hess, dem Sohn und Nachfolger des 1816 verstorbenen Stadtbaumeisters, begann eine neue Planungsphase für die inzwischen fast zur Ruine gewordene Kirche. Hess Jr. entschied sich gegen eine reine Fortführung der früheren Baupläne und entwarf eine noch stärkere klassizistische Umgestaltung: Das bereits gebaute Dach wollte er durch eine Kuppel nach Vorbild des römischen Pantheons mit Deckenkassettierung und Oberlicht ersetzen.[15] |08 Diesen Vorschlag lehnte der Senat aus Kostengründen ab, ebenso wie das von Hess Jr.

tower. Obviously, Liebhardt's Late-Baroque façade design did not reflect the preferences of the day.[7] |03 Mannheim Court Architect Nicolas de Pigage, for example, proposed a round building with four smaller rather than one large tower. |04 Various other architects, among them Liebhardt himself, took up this idea of the four towers and combined it with different floor plans, in part opting for a square solution.[8] |05 Other entries drew on famous church buildings such as Sant'Andrea al Quirinale in Rome, St. Paul's Cathedral in London, or the Frauenkirche in Dresden.[9] |06 In 1787, agreement was reached on an oval footprint with a standalone tower and two lower towers containing stairwells – based on Liebhardt's designs. This only brought brief respite, however: Liebhardt fell ill, had to retire as Municipal Architect, and died shortly afterwards. His successor Georg Hess, who had already been involved in the project with his own proposals before, was now in the position of completing Liebhardt's plans in cooperation with the latter's draftsman Fuss – albeit factoring in a series of stipulations made by the Municipal Building Office. These included, among other things, a steep roof instead of a dome-shaped one, and a larger upper floor with likewise larger windows.[10] |07 For the interior, Hess adopted Liebhardt's design with two galleries, a theme frequently encountered in Protestant church architecture. After even the Berlin Architecture Academy's advice having been sought during the phase when the planning faltered,[11] eventually the choice fell on this Classicist, almost unadorned redesign of Liebhardt's Late-Baroque proposal, with building work starting in 1789 under Hess.[12]

By 1792 the building's shell was complete, bar the roof and the towers. The French Revolution and the subsequent wars between France and Germany, which saw Frankfurt fall under occupation, led to the construction work coming almost to a complete standstill. Tribute payments gobbled up almost all the city's financial resources. The countless openings in the structure also allowed moisture to enter it in the years that followed, causing considerable damage to the interior. Not until 1796 was the roof put in place; the ceiling followed in 1801 and one year later the windows were fitted.[13] In order to raise cash for the continued construction work, the building shell was rented out as a warehouse. However, this led to further damage to the incomplete church and even made it look doubtful whether building work would ever be completed.[14] Not until after the Congress of Vienna and the re-foundation of Frankfurt as a Free City in 1816 did construction work recommence.

|10 Fertiggestellte Paulskirche, kolorierte Lithografie: Eduard Gustav May und S. Schmerber, ca. 1848

|10 Finished Paulskirche, color lithograph: Eduard Gustav May and S. Schmerber, c. 1848

 |11

 |12

 |13

|14

|11 Innenraum der Paulskirche, kolorierte Lithografie: F. W. Hancke und C. Bottinelli, ca. 1833 |12 Eröffnung der Nationalversammlung in der Paulskirche mit abgehängter Zwischendecke, 18. Mai 1848, Kreidelithografie: Franz Heister und J. B. Bauer |13 Innenansicht der Paulskirche mit ausgeschmückter Zwischendecke, nach 1886 |14 Feier zum 75. Jubiläum der Nationalversammlung, Festzug vor der Paulskirche mit Reichspräsident Friedrich Ebert, 18. Mai 1923

|11 Interior of the Paulskirche, color lithograph: F. W. Hancke and C. Bottinelli, c. 1833 |12 Opening of the National Assembly in the Paulskirche with suspended ceiling, May 18, 1848, chalk lithograph: Franz Heister and J. B. Bauer |13 Interior view of the Paulskirche with embellished suspended ceiling, after 1886 |14 Celebration marking the 75th anniversary of the National Assembly, procession in front of the Paulskirche with President Friedrich Ebert, May 18, 1923

Under Johann Friedrich Hess, the son and successor of Municipal Architect Hess (who had died in 1816), a new phase began in planning the new church, which now almost lay in ruins. Hess Jr. decided against simply continuing with the earlier building plans and came up with a more strongly Classicist design. He set out to replace the roof, which had since been built, with a dome modeled on the Pantheon in Rome, complete with coffered ceiling and a skylight.[15] |08 The Senate rejected this proposal because of the cost, just as it did Hess Jr.'s plan for inserting a clock story into the main tower, which would have ensured the latter was clearly higher than the roof of the church hall.[16] Further years were spent discussing these issues.[17] Eventually, from 1830 onwards, the building was completed with a flat, suspended dome in the interior, the steep roof above it, and with the lower version of the tower. Hess Jr. did however gain sway with his idea of abandoning the original plan of two galleries inside the church hall in favor of only one. As a result, the upper row of windows remained unimpeded and brought plenty of light into the interior. The gallery rested all the way round on 20 Ionian columns and provided space for almost 2,000 people.[18] |09

The Completed Building

The church building as completed in 1833 stood out for the exceptionally restrained Classicist vocabulary used for the façade and the interior. This was in part also attributable to the difficult financial situation during the construction period. There was simply no money for special ornamentation, such as the painted ceiling originally envisaged. The walls and dome in the interior remained white.[19] The use of the typical red Main River sandstone and the crowning of the tower story with a round tempietto complete with cross, quoting the Katharinenkirche in Frankfurt, ensured the church blended harmoniously with the urban fabric.[20] |10
Despite the troubled planning history, the upshot was a homogeneous building that – precisely owing to the absence of a coffered dome – represented a uniquely Frankfurt form of Classicism. Moreover, the building as realized was indeed the ideal type of a Lutheran church: The interior was clearly structured, the building from the ground to the roof was suffused by the light that entered through the large windows, and one had an unobstructed view of the altar from nearly every pew.[21] The positioning of the organ, the pulpit and the altar in the central location in front of the main tower also reflected modern Protestant church architecture.[22] |11

geplante eingeschobene Uhrengeschoss im Hauptturm, das diesem eine deutliche Erhabenheit gegenüber dem Dach des Kirchensaals verliehen hätte.[16] Nachdem über diese Diskussionen weitere Jahre vergangen waren,[17] wurde der Bau schließlich ab 1830 mit einer flachen, eingehängten Kuppel im Innenraum, dem darüberliegenden Steildach und der niedrigeren Version des Turms fortgeführt. Durchsetzen konnte sich Hess Jr. mit seiner Idee, anstelle der ursprünglich zwei geplanten Emporen nur eine in das Innere des Kirchensaals einzuziehen. So blieb die obere Fensterreihe frei und lichtdurchlässig. Die Empore ruhte umlaufend auf zwanzig ionischen Säulen und bot nahezu 2000 Menschen Platz.[18] |09

Der fertiggestellte Bau

Der Kirchenbau, so wie er 1833 fertiggestellt wurde, zeichnete sich durch eine äußerst zurückhaltende klassizistische Formensprache der Fassade wie auch des Innenraums aus. Dies war teilweise auch der schwierigen finanziellen Situation während der Bauzeit geschuldet. Für besondere Ausschmückungen wie beispielsweise die ursprünglich geplante Deckenbemalung fehlte das Geld. Wände und Kuppel im Innenraum blieben weiß.[19] Die Verwendung des typischen roten Mainsandsteins und die Bekrönung des Turmgeschosses mit einem runden Tempietto mit Kreuz, einem Zitat der Frankfurter Katharinenkirche, fügten die Kirche harmonisch in das Stadtbild ein.[20] |10
Trotz der bewegten Planungsgeschichte war ein homogenes Gebäude entstanden, das – gerade wegen des Verzichts auf eine kassettierte Kuppel – einen eigenständigen Frankfurter Klassizismus vertrat. Zudem war es gelungen, tatsächlich den Idealtypus einer lutherischen Kirche zu verwirklichen: Der Innenraum war klar gegliedert, das durch die großen Fenster fallende Licht füllte das Haus vom Boden bis unters Dach, von nahezu jedem Platz aus konnte man ungehindert auf den Altar schauen.[21] Auch die Platzierung von Orgel, Kanzel und Altar am zentralen Ort vor dem Hauptturm war Ausdruck eines modernen protestantischen Kirchenbaus.[22] |11

Die Nutzung bis 1944

Seinen Namen „Paulskirche" erhielt der Bau erst 1832.[23] Im Jahr darauf, am 9. Juni, wurde er nach knapp 50 Jahre während der Bauzeit als neue evangelische Hauptkirche eingeweiht.[24] Schon bald stellte man erste Mängel bei der Nutzung fest, insbesondere die Akustik war schlecht. Weil die Redner der Nationalversammlung 1848 ansonsten auf vielen Plätzen nicht zu verstehen gewesen wären, wurde eine hölzerne, mit Stoff bespannte Schalldecke zwischen Empore und Kuppel eingezogen, die die obere Fensterreihe gänzlich verdeckte. Sie nahm dem Raum seine ursprüngliche Helligkeit und klare Gliederung.[25] |12

|15

|16

|15 Enthüllung des Ebert-Denkmals an der Paulskirche durch Oberbürgermeister Ludwig Landmann, 11. August 1926 |16 Demontage des Ebert-Denkmals an der Paulskirche durch die Nationalsozialisten, 6. April 1933

|15 Unveiling of the Ebert monument at the Paulskirche by Lord Mayor Ludwig Landmann, August 11, 1926 |16 The Nazis remove the Ebert monument at the Paulskirche, April 6, 1933

Use Until 1944

The building was first named the "Paulskirche" in 1832.[23] After a building period that had lasted almost half a century, it was then consecrated as the city's new main Protestant church on June 9, 1833.[24] Soon thereafter the first problems emerged, in particular the poor acoustics. In 1848, a wooden suspended ceiling covered in fabric was installed between the gallery and the dome because otherwise the speakers at the National Assembly would not have been understood from many of the seats. This completely blocked out the upper row of windows, however, and thus eliminated the hall's original brightness and its clear structure.[25] |12

With the National Assembly, the Paulskirche ceased to have a religious role and it was not returned to the parish for such purposes until October 1852. The parish made the hall its own again in 1886 by painting angels and other motifs on the noise-dampening ceiling and placing sculptures of the four Evangelists on the gallery.[26] |13 Henceforth, the building was almost exclusively used as a church.

Any reminders of the National Assembly and its liberal values were officially avoided during the German Confederation – which had first boycotted and then dissolved the parliament – and during the days of the Empire that followed. It was not until the inter-war years that the newly founded republic, under the first elected President Friedrich Ebert, championed the democratic tradition – and in 1923 celebrated the 75th anniversary of the National Assembly in the Paulskirche. |14 To this end, the interior fit-out was temporarily restored to reflect its original state in 1848.[27] After Ebert's death in 1925, artist Richard Scheibe produced a bronze sculpture that was mounted on the façade in honor of the erstwhile president. |15 The Nazis had the piece removed shortly after taking power in 1933. |16

On March 18, 1944 the Paulskirche was destroyed by fire bombs; only the outer walls were left standing.[28] |17 After its rebuilding as a German memorial,[29] a new cast of the monument to Friedrich Ebert was installed to mark the 25th anniversary of his death in 1950.[30]

Mit der Nationalversammlung wurde die Paulskirche der sakralen Nutzung entzogen und erst im Oktober 1852 an die Gemeinde zurückgegeben. Diese eignete sich den Raum wieder an, indem sie 1886 die Schalldecke unter anderem mit Engelmotiven bemalen und Skulpturen der vier Evangelisten auf der Empore aufstellen ließ.[26] |13 Fortan wurde das Gebäude fast ausschließlich als Kirche genutzt.

Eine Erinnerung an die Nationalversammlung und deren liberale Werte wurde im Deutschen Bund – der das Parlament boykottiert und schließlich aufgelöst hatte – sowie im anschließenden Kaiserreich offiziell vermieden. Erst die Weimarer Republik, unter ihrem ersten Reichspräsidenten Friedrich Ebert, bekannte sich zur demokratischen Tradition und feierte 1923 das 75. Jubiläum der Nationalversammlung in der Paulskirche. |14 Deren Inneneinrichtung wurde zu diesem Anlass vorübergehend in den Zustand von 1848 versetzt.[27] Nach Eberts Tod im Jahr 1925 schuf der Bildhauer Richard Scheibe eine Bronzeplastik, die zu dessen Ehren an der Fassade der Paulskirche angebracht wurde. |15 Die Nationalsozialisten entfernten sie kurz nach ihrer Machtübernahme 1933. |16

Am 18. März 1944 zerstörten Brandbomben die Paulskirche bis auf die Außenmauern.[28] |17 Nach dem Wiederaufbau als deutsche Gedenkstätte[29] wurde zu Eberts 25. Todestag im Jahr 1950 auch ein Neuguss seines Denkmals angebracht.[30]

[1] Vereinigung Berliner Architekten (Hg.), *Der Kirchenbau des Protestantismus von der Reformation bis zur Gegenwart*, Berlin 1893, S. 149.

[2] Vgl. Wilhelm Stricker, *Die Baugeschichte der Paulskirche (Barfüßerkirche) zu Frankfurt am Main 1782–1813*, Frankfurt 1870, S. 7.

[3] Vgl. Christian Welzbacher, *Planungs- und Baugeschichte 1786 bis 1833*, in: Walter Lachner / Christian Welzbacher, *Paulskirche*, Berlin 2015, S. 10–25, hier S. 12–14.

[4] Vgl. Stricker (wie Anm. 2), S. 5.

[5] Vgl. Frank Schmidt, *Kirchenbau und Kirchenausstattung in der Landgrafschaft Hessen-Darmstadt von der Reformation bis 1803*, Heidelberg 1993, S. 247.

[6] Vgl. Welzbacher (wie Anm. 3), S. 17.

[7] Vgl. Dieter Bartetzko, *Denkmal für den Aufbau Deutschlands. Die Paulskirche in Frankfurt am Main*, Königstein/Ts. 1998, S. 16.

[8] Vgl. Evelyn Hils, *Johann Friedrich Christian Hess. Stadtbaumeister des Klassizismus in Frankfurt am Main von 1816–1845*, Frankfurt 1988, S. 94.

[9] Vgl. Stricker (wie Anm. 2), S. 9.

[10] Vgl. Hils (wie Anm. 8), S. 94–95.

[11] Vgl. Carlo H. Jelkmann, *Die Sct. Paulskirche in Frankfurt a. M. Ein Beitrag zur Entwicklung der deutsch-protestantischen Kirchen-Baukunst und ein Zeitbild aus der Geschichte Frankfurts um 1780–1850*, Frankfurt 1913, S. 52.

[12] Vgl. Hils (wie Anm. 8), S. 95.

[13] Vgl. ebenda, S. 97.

[14] Vgl. Stricker (wie Anm. 2), S. 24–27.

[15] Vgl. Hils (wie Anm. 8), S. 113.

[16] Vgl. Stricker (wie Anm. 2), S. 32.

[17] Vgl. Hils (wie Anm. 8), S. 98–106.

[18] Vgl. Evelyn Hils-Brockhoff / Sabine Hock, *Die Paulskirche. Symbol demokratischer Freiheit und nationaler Einheit*, Frankfurt 1998, S. 10.

[19] Vgl. Hils (wie Anm. 8), S. 106.

[20] Vgl. Welzbacher (wie Anm. 3), S. 23.

[21] Vgl. ebenda, S. 24.

[22] Vgl. Karl Veidt, *Die Paulskirche im Wandel der Zeit*, in: Karl Veidt / Georg Struckmeier (Hg.), *Hundert Jahre St. Paulskirche. Jubiläumsfestschrift zum 9. Juni 1933*, Frankfurt 1933, S. 7–51, hier S. 30.

[23] Vgl. Zentralarchiv der Evangelischen Kirchen in Hessen und Nassau, Best 23/282.

[24] Vgl. Veidt (wie Anm. 22), S. 26.

[25] Vgl. Bartetzko (wie Anm. 7), S. 29.

[26] Vgl. Wolfram Siemann, *Parlamentsarchitektur als politische Konfession*, in: Marc Schalenberg / Peter Th. Walter (Hg.): „… immer im Forschen bleiben". Rüdiger vom Bruch zum Geburtstag*. Stuttgart 2004, S. 101–133, hier S. 122.

[27] Vgl. Dieter Bartetzko, *Ein Symbol der Republik. Geschichte und Gestalt der Frankfurter Paulskirche*, in: Ingeborg Flagge / Wolfgang Jean Stock (Hg.), *Architektur und Demokratie. Bauen für die Politik von der amerikanischen Revolution bis zur Gegenwart*, Stuttgart 1992, S. 108–125, hier S. 118.

[28] Vgl. Walter Lachner, *Politische Vergangenheit und Gegenwart*, in: Lachner / Welzbacher (wie Anm. 3), S. 27–57, hier S. 51–56.

[29] Siehe in diesem Band Thomas Bauer, S. 44–67.

[30] Vgl. Kulturamt Frankfurt am Main (Hg.), *Ebert-Denkmal*, in: *Kunst im öffentlichen Raum Frankfurt*, https://www.kunst-im-oeffentlichen-raum-frankfurt.de/de/page149.html?id=85 (22.2.2019).

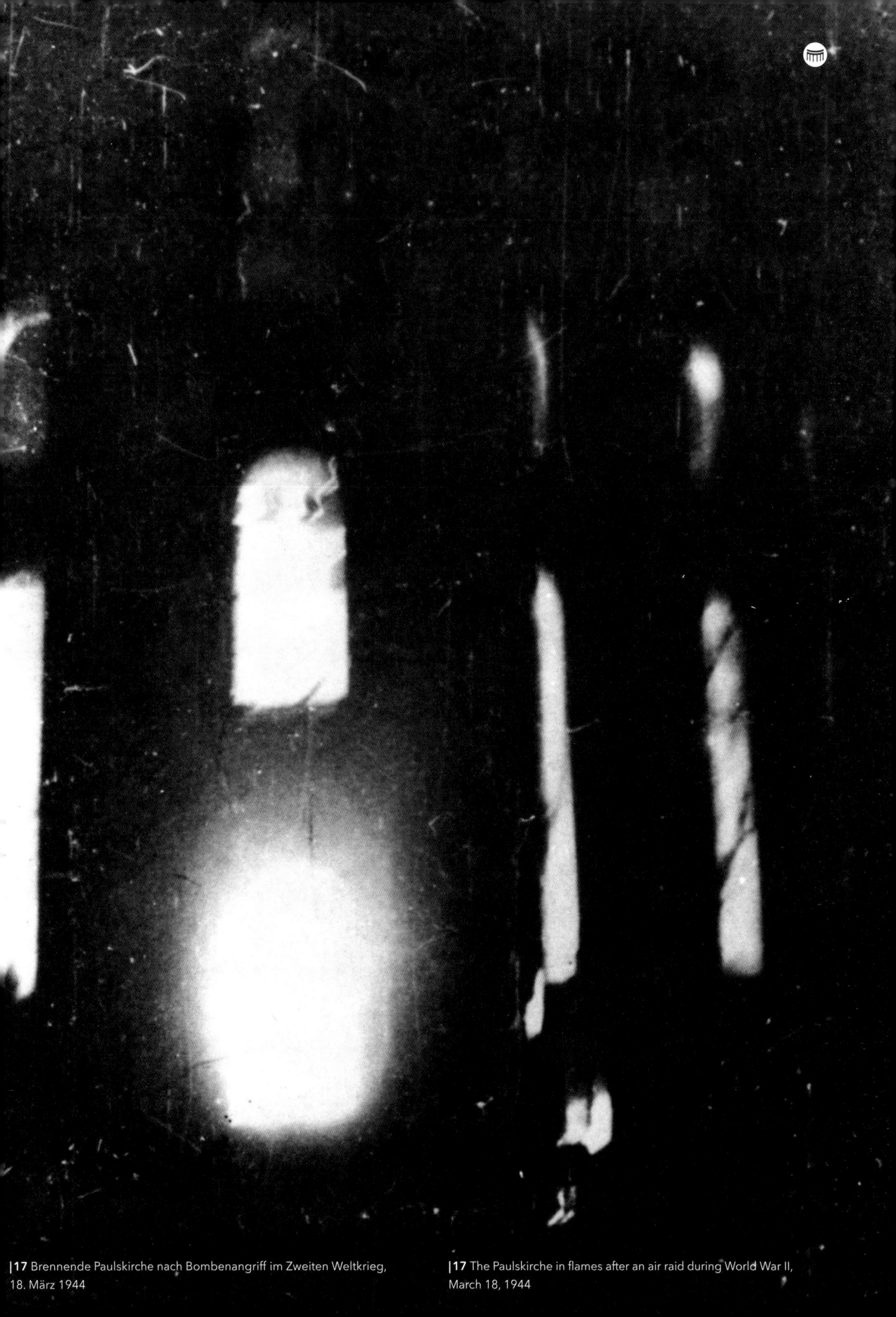

| **17** Brennende Paulskirche nach Bombenangriff im Zweiten Weltkrieg, 18. März 1944

| **17** The Paulskirche in flames after an air raid during World War II, March 18, 1944

EIN SYMBOL FÜR DEN DEMOKRATISCHEN NEUBEGINN
DER WIEDERAUFBAU DER PAULSKIRCHE
A SYMBOL OF THE NEW DEMOCRATIC ERA
THE REBUILDING OF THE PAULSKIRCHE

Thomas Bauer

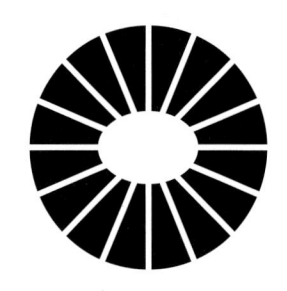

Germany in the immediate post-war years was defined by abject poverty. No less than 70 percent of all the housing in Frankfurt had been destroyed. In the area of the Old Town, the Allied bombers had left hardly anything standing. The dramatic shortages of food and lodgings were made even more complicated by refugees and returning soldiers. To prevent the rebuilding effort not ending in chaos, from August 1945 onwards all construction work in Frankfurt had first to be approved by the Municipal Office for Reconstruction. Appointed by the US military government, Lord Mayor Kurt Blaum headed the deployment of the remaining skilled workers and the distribution of rare building materials according to a "Priorities List." Top spot on it went to getting the Municipal Sachsenhausen Hospital back into operation, with last place going to restoration of the cycle of frescoes by Jerg Ratgeb in the cloister of the Carmelite Monastery – there was no mention of the rebuilding of the Paulskirche destroyed during the bombing raids.[1]

Rebuilding as Highly Symbolic

In February 1946 the parish council of the Paulskirche sent an inquiry to Blaum asking whether the City Council had any ideas as regards celebrating the 100th anniversary of the 1848 National Assembly and the rebuilding of the church, which had been gutted bar the outer walls. The written answer received pointed to ongoing preliminary work and rated the prospects of any swift rebuilding as very slight given the overall circumstances. Planning, so the letter said, focused on a festive ceremony in the ruins once they had been cleared of rubble.[2] |01|02
Just in time, the decision makers recognized the symbolic impact a Paulskirche ready for the centenary celebrations could have for the beginning of a new democratic era after 1945. Lord Mayor Blaum announced in April 1946 that he intended to have the Paulskirche rebuilt by May 18, 1948, the anniversary of the opening of the Paulskirche Parliament – to commemorate the country's democratic traditions. Blaum even mooted the idea of using the church as an assembly for the future German parliament. An ideas competition launched in June 1946 by the City of Frankfurt addressed all architects who were residents of the State of Hesse. The brief was for a Paulskirche that could be used variably, both as a church and as a convention hall, with the rebuilding relying on the surviving walls, the construction of an adjacent administration building and the design of the square – realization of the latter was foreseen for a later point in time.[3]

Bittere Not bestimmte den Alltag der ersten Nachkriegsjahre. Siebzig Prozent aller Wohnhäuser in Frankfurt waren zerstört. Im Altstadtbereich hatten die alliierten Bomber kaum einen Stein auf dem anderen gelassen. Rückkehrer und Flüchtlinge verschärften die ohnehin dramatische Lebensmittelknappheit und Wohnungsnot in der Stadt. Damit der Wiederaufbau nicht im Wildwuchs endete, mussten ab August 1945 in Frankfurt sämtliche Bauarbeiten vorab von der städtischen Wiederaufbaustelle genehmigt werden. Von der amerikanischen Militärregierung eingesetzt, steuerte Oberbürgermeister Kurt Blaum den Einsatz der verbliebenen Facharbeiter und die Verteilung der raren Baumaterialien anhand einer „Dringlichkeitsliste". Höchste Priorität hatte die Instandsetzung des Städtischen Krankenhauses Sachsenhausen; die des Freskenzyklus' von Jerg Ratgeb im Kreuzgang des Karmeliterklosters bildete das Schlusslicht – der Wiederaufbau der kriegszerstörten Paulskirche tauchte in der Liste nicht auf.[1]

Ein Wiederaufbau mit Signalwirkung

Der Kirchenvorstand der Paulsgemeinde erkundigte sich im Februar 1946 bei Blaum, ob seitens der Stadt Überlegungen für die Jahrhundertfeier der Nationalversammlung 1948 und den Wiederaufbau der bis auf die Außenmauern zerstörten Paulskirche existierten. Das Antwortschreiben verwies auf die laufenden Vorarbeiten, stufte die Chancen für einen raschen Wiederaufbau unter den gegebenen Umständen aber als sehr gering ein. Die Planungen konzentrierten sich auf einen Festakt in der enttrümmerten Ruine.[2] |01|02
Gerade noch rechtzeitig erkannten die Verantwortlichen die Signalwirkung einer zur Jahrhundertfeier wieder hergestellten Paulskirche für den demokratischen Neubeginn nach 1945. Oberbürgermeister Blaum verkündete im April 1946 die Absicht, die Paulskirche zum Gedenken an die demokratischen Traditionen des Landes bis zum 18. Mai 1948, dem Jahrestag der Eröffnung des Paulskirchen-Parlaments, wieder herzurichten. Dabei brachte Blaum auch die Verwendung der Kirche als Versammlungsort für das zukünftige deutsche Parlament ins Spiel. Ein im Juni 1946 von der Stadt Frankfurt ausgeschriebener Ideenwettbewerb richtete sich an alle in Hessen lebenden Architekten. Gefordert waren die variable Nutzung der Paulskirche als Gotteshaus und Tagungsraum unter Verwendung der Mauerreste, die Errichtung eines angrenzenden Verwaltungsgebäudes sowie die Platzgestaltung, deren Umsetzung für einen späteren Zeitpunkt vorgesehen war.[3]

Der Wettbewerb 1946

Das Preisgericht hatte 109 Entwürfe zu prüfen. In der Jury, die Anfang Oktober 1946 tagte, nahm Walter Kolb den Platz von Kurt Blaum ein. Die SPD hatte die ersten freien Kommunalwahlen mit deutlichem

|01 Ausgebrannte Paulskirche, Foto: 1946 |01 Burned-out Paulskirche, photo: 1946

|02 Innenraum der Paulskirche während der Enttrümmerung, Foto: 1947 |02 Interior of the Paulskirche as the rubble was being cleared, photo: 1947

Vorsprung vor der CDU gewonnen. Dem neuen Oberbürgermeister lag der Wiederaufbau der Paulskirche ganz besonders am Herzen. Für den überzeugten Demokraten war der Ort aufgrund seiner demokratischen Tradition ein Nationalheiligtum.[4]

Der erste Preis ging an den Architekten Gottlob Schaupp (Frankfurt / Bad Homburg). Sein Entwurf erfüllte am ehesten die Vorstellungen des Preisgerichts[5], das sich gegen eine historische Kopie und für eine zeitgemäße Umgestaltung aussprach. Es ließ sich dabei, so Jurymitglied und Frankfurter Stadtbaudirektor Otto Fischer, „von dem großartigen Raumeindruck leiten, den das Kircheninnere auch heute noch im Zustand der Zerstörung auf empfindsame Beschauer ausübt."[6] Im Vergleich zum Vorkriegszustand[7] verzichtete Schaupp auf die umlaufende Empore und brachte die obere Fensterreihe wieder zur Geltung, statt sie durch eine Zwischendecke abzutrennen. Dadurch betonte er die Schlichtheit und Monumentalität des Innenraums. Den zeitbedingten Mangel an Baumaterial und Arbeitskräften berücksichtigend, unterteilte Schaupp den Wiederaufbau der Paulskirche in zwei Phasen. Bis zur Jahrhundertfeier sollte das Gebäude mit einer zeltförmigen Dachkonstruktion provisorisch hergerichtet und in einem zweiten Bauabschnitt ohne Zeitdruck fertiggestellt werden.[8]

Einen konventionelleren Gestaltungsansatz als Schaupp wählte die Frankfurter Architektengemeinschaft Franz C. Throll und Ferdinand Rupp, deren Entwürfe – einer mit wieder hergestellter Galerie, der andere mit großzügigem Foyer – beide einen zweiten Preis gewannen. Ein weiterer zweiter Preis ging an den Bad Sodener Architekten Ferdinand Wagner, der einzelne Balkone statt einer umlaufenden Empore und, ebenso wie die Drittplatzierten Theo Kellner und Karl Molzahn, eine plastisch ausgestaltete Kuppel vorschlug.[9] Die Wiederherstellung der ursprünglichen Dachform war allen prämierten Entwürfen gemein. |03

Vor dem Hintergrund der schwelenden Hauptstadtfrage[10] gab Stadtbaudirektor Fischer in seinem Bericht über den Wettbewerb abschließend der Hoffnung Ausdruck, dass die Paulskirche bald „wieder zur Weihestätte für die Säcularfeier der deutschen Nationalversammlung"[11] werde. Beim Frankfurter Architekten Hermann Mäckler hingegen kam angesichts der Einreichungen weniger Zukunftsoptimismus auf, vielmehr fühlte er sich an die dunkle Vergangenheit erinnert. Er verurteilte den Großteil, da er die stilistischen Rückgriffe auf vergangene Epochen ablehnte und oft sogar unumwundene Anleihen bei nationalsozialistischer Formensprache erkannte. Ihren Zeichnungen nach zu urteilen waren die Architekten in Mäcklers Augen „fast lauter SA-Männer"[12]. Eher aus pragmatischen Gründen hielt auch das Preisgericht keinen der Entwürfe für baureif, auch nicht den prämierten Schaupps.

The Competition in 1946

The competition jury convened in early October 1946 and had to evaluate 109 submissions. Walter Kolb took the place of Kurt Blaum after the Social Democrats had won the first free local elections, well ahead of the Conservatives. And Kolb as the new Lord Mayor felt particularly strongly about rebuilding the Paulskirche. For the staunch democrat, the place was a national shrine given its history as the site of the National Assembly.[4]

First prize went to architect Gottlob Schaupp (Frankfurt / Bad Homburg). His design came closest to fulfilling the ideas of the jury,[5] which was against a historical copy and in favor of a contemporary redesign. It was guided, according to jury member and Frankfurt Municipal Planning Councilor Otto Fischer, "by the superb spatial impression the church's interior offers the sensitive viewer even in its current state of ruin."[6] Compared to the building's pre-war state,[7] Schaupp omitted the surrounding gallery and emphasized the upper row of windows instead of separating them off by means of a suspended ceiling. In this way he accentuated the simplicity and monumental character of the interior. Schaupp split the rebuilding of the Paulskirche into two phases to reflect the acute lack of building materials and labor at that time. The focus was on realizing the building with a provisional tent-shaped roof structure in time for the centenary celebrations and then completing the work in a second phase with no time pressure.[8]

The Frankfurt-based architecture practice of Franz C. Throll and Ferdinand Rupp opted for a more conventional design approach than Schaupp. Their submissions—one with a reconstructed gallery, the other with a spacious foyer—both won second prize. A further second prize went to Bad Soden-based architect Ferdinand Wagner, who proposed single balconies instead of a surrounding gallery and, like the third-placed Theo Kellner and Karl Molzahn, a sculpturally designed dome.[9] The restoration of the original roof form was common to all the winning designs. |03

Against the background of the smoldering capital-city question,[10] Municipal Planning Councilor Fischer expressed the hope in the conclusion to his report on the competition that the Paulskirche would soon "once again become the shrine for the secular celebration of the German National Assembly."[11] By contrast, Frankfurt architect Hermann Mäckler felt the competition entries offered little cause for optimism; indeed, he felt reminded of the dark past. He condemned the majority of them, rejecting any stylistic recourse to past

NEUE BAUWELT

3. FEBRUAR 1947 · 2. JAHRGANG · BERLIN · HEFT 5

Verlag des Druckhauses Tempelhof, vorm. Deutscher Verlag, Berlin, Tempelhof · Abonnementspreis: Monat 3.60 M, Vierteljahr 10.80 M, zuzüglich Zustellgebühr oder Porto (Einzelheft 1.00 M und Porto). Abonnementskündigung: 1 Monat vor Vierteljahresschluß · Anzeigen: 1.00 M, Stellengesuche 0.75 M, für die viergespaltene Millimeterhöhe · Einzahlungskonten: Deutscher Verlag Berlin, Postscheckkonto: Berlin Nr. 660, München Nr. 5686, Ludwigshafen Nr. 24 204 · Bankkonto: Deutsche Bank, Filiale Bremen · Nachdruck nach Vereinbarung · Telegrammadresse: Bauwelt Berlin · Telefon: Sammel-Nummer 75 02 31 · Druck: Druckhaus Tempelhof · Chefredakteur: Rudolf Weißler, Berlin-Tempelhof · Der Verlag des Druckhauses Tempelhof ist von der amerikanischen Militärregierung in Berlin zugelassen · Lizenz B 224

Die Wiederherstellung der Paulskirche in Frankfurt am Main

Von Stadtbaudirektor OTTO FISCHER, Frankfurt a. M.

Der Grundgedanke des Wettbewerbs, den die Stadt Frankfurt a. M unter den im Lande Hessen wohnenden deutschen Architekten ausgeschrieben hatte, war „die Paulskirche, den ehemaligen Sitz der deutschen Nationalversammlung von 1848, zur hundertsten Wiederkehr des denkwürdigen Tages der Eröffnung der Nationalversammlung soweit wiederherzustellen, daß im Mai 1948 darin Versammlungen und Gedenkfeiern stattfinden können".

Es handelt sich also bei diesem Wettbewerb, wie aus seiner Programmstellung klar ersichtlich ist, nicht um die Wiederherstellung einer zerstörten Kultstätte schlechthin, sondern darüber hinaus um die Umgestaltung eines Kirchenbaues, der als ein von der neueren deutschen Geschichte geprägtes Symbol der deutschen Einheit weit über die Grenzen Frankfurts seine Bedeutung ausstrahlt.

Ein nicht minder kennzeichnendes Merkmal, das diesen Wettbewerb in seiner Aufgabenstellung über den sonst üblichen Rahmen gleichgearteter Ausschreibungen hinaushebt, beruht auf den drei Forderungen, einmal für die Gestaltung des monumentalen Innenraumes der Kirche selbst eine zeitgemäße Lösung vorzuschlagen, darüber hinaus ein mit der Kirche in Verbindung stehendes Verwaltungsgebäude architektonisch zu gestalten und schließlich das angrenzende, völlig zerstörte Gelände nach städtebaulichen Gesichtspunkten neu aufzugliedern.

Bei der Bewertung der einzelnen Entwürfe galt es im Hinblick auf die Verwirklichung der vorgenannten drei Programmpunkte dem erstgenannten, also der Umgestaltung der Paulskirche selbst, als dem Kernstück der Aufgabe schon deshalb besondere Bedeutung beizumessen, weil er in der sehr kurzen Bauzeit bis zum Frühjahr 1948 durchgeführt sein muß.

In ihrer äußeren Erscheinung ist die Paulskirche ein ovaler Kuppelbau, der auf der Südseite von einem Glockenturm, auf der Nordseite von zwei Treppentürmen flankiert ist. Der ursprüngliche Entwurf stammt als Ergebnis eines Wettbewerbs von dem Frankfurter Stadtbaumeister Joh. Andreas Lienhardt, dessen Pläne die Stadtbaumeister Heß der Aeltere und der Jüngere vom Jahre 1787 ab ausführten.

Nach Ansicht des Preisgerichtes sollte es vermieden werden, das schlichte äußere Bild der Paulskirche zu stören und „den Baukörper durch zu schwere Anbauten, etwa in der Mitte der Nordseite zu belasten". Deshalb kamen auch Entwürfe, die den klaren Umriß des Kirchenovals durch bauliche Zutaten allzusehr einschnüren und damit das überlieferte Bild der Paulskirche wesentlich verändern, nicht in die engere Wahl.

Bei Beurteilung der Gestaltungsvorschläge für den eigentlichen Innenraum ließ sich das Preisgericht von dem großartigen Raumeindruck leiten, den das Kircheninnere auch heute noch im Zustand der Zerstörung auf empfindsame Beschauer ausübt. Nach seiner Auffassung muß daher dieser Eindruck von schlichter Größe unbedingt erhalten bleiben und unter bewußtem Verzicht auf eine blutleere Kopie in der Neugestaltung dieses Weiheraumes seine zeitgemäße künstlerische Auferstehung erfahren. Daß die feierliche Würde und die monumentale Haltung des Raumes durch das Einziehen einer Zwischendecke einbuße erleidet, wenn nicht gar zunichte gemacht wird, beweisen Entwurfsideen, die auf eine solche Raumaufteilung abzielen.

Die künftige Verwendung der Paulskirche als Stätte zur Abhaltung politischer und kultureller Versammlungen legt die Angliederung eines Verwaltungsgebäudes nahe, dessen Planung und organische Angliederung an den Hauptbau den zweiten wichtigen Programmpunkt des Wettbewerbs ausmacht. Dabei war es freigestellt, für die Unterbringung der hierfür notwendigen Räume entweder die „Alte Börse", eine heute teilweise zerstörte Schöpfung Stülers, des bekannten Schinkelschülers, auszubauen oder hierfür einen Neubau vorzuschlagen. Diese bedeutsame Teilaufgabe des Wettbewerbs, besonders die architektonisch zweifellos schwierige Abstimmung der beiden Baukörper aufeinander, hat ebenso die mannigfaltigsten und gegensätzlichsten Lösungen gezeitigt wie der Verbindungsbau selbst, als entweder oberirdisch oder — im Sinne einer Freihaltung des Kirchenovals — durch einen unterirdischen Gang möglich war. Aus der Fülle der oft recht qualvoll anmutenden oberirdischen Versuche, rechteckige Baukörper an das abgleitende Oval des Hauptbaues anzuklammern, heben sich eindeutig diejenigen hervor, die in dem Anschluß an die beiden Treppentürme die allein richtige organische Lösung finden. Im Gegensatz hierzu haben auch die Verfechter der Tunnelverbindung gestalterisch reizvolle und überzeugende Vorschläge gemacht.

Der dritte Programmpunkt, der auf die bauliche Neugestaltung der Umgebung der Paulskirche abzielt und im Hinblick auf die Verwirklichung der gesamten Wettbewerbsaufgabe zunächst noch in den Hintergrund tritt, war in seiner Textfassung bewußt elastisch gehalten und hat deshalb städtebauliche Vorschläge ausgelöst, die sich teilweise an die engeren Grenzen des Plangebiets halten und deshalb, was ihre Verwirklichung angeht, mindestens ebenso überzeugend wirken wie die weitgespannten Aufbauideen derjenigen Bewerber, die diese Gren-

Bild 2 (vgl. hierzu Ansicht des Innenraums auf dem Umschlag). Die Paulskirche im Jahre 1848

Feierlicher Einzug der Mitglieder der Nationalversammlung am 18. Mai 1848. Zeitgenössischer Holzschnitt der „Leipziger Illustrierten Zeitung"

NEUE BAUWELT 1947 HEFT 5

Bild 3 bis 6. Wiederherstellung der Paulskirche nach dem von der Stadt Frankfurt ausgeschriebenen Wettbewerb. Gestaltung des Innenraumes. Maßst. 1:1000. Links die Vorschläge des mit dem ersten Preise ausgezeichneten Entwurfes von Architekt Schaupp, zeltartig für die Feier 1948, danach die endgültige Form. Die Bilder rechts zeigen Vorschläge der mit je einem zweiten Preis ausgezeichneten Entwürfe der Architekten Throll und Rupp und des Architekten Wagner

zen überspringen und auch entferntere Bauzonen zum Tummelplatz ihrer städtebaulichen Gestaltungskraft machen.

So richtungweisend diese weit ausholenden und bei verschiedenen Bewerbern bis in das Herz der Innenstadt vorstoßenden Wiederaufbaugedanken auch dem Preisgericht erschienen, so lassen sie sich in ihren Wechselbeziehungen und Ausstrahlungen auf die benachbarten Plangebiete erst dann klar beurteilen, wenn der z. Z. noch in Vorbereitung begriffene Rahmenplan für die künftige Aufschließung der gesamten Innenstadt in seinem städtebaulichen Gerüst aufgestellt sein wird.

Dagegen sind Schwerpunkte einer in absehbarer Zeit notwendigen und auch durchführbaren Umgestaltung einmal das Vorplatzgelände südöstlich der Kirche an der Wedelgasse, deren bisheriger Engpaß durch Zurückverlegung der Baufluchtbeseitigt werden muß, zum anderen der nördlich der Kirche vorgelagerte Raum, den besonnen empfindende Bewerber zu Vorplätzen von intimer Haltung entwickeln, während sich andere betont monumental gebärden und um das Kirchenoval weitgespannte konzentrische Gebäudegürtel legen. So oder so fordern die beiden flankierenden Treppentürme der Nordseite zu einem Platzgebilde als Auftakt zum eigentlichen Baukörper der Kirche geradezu heraus, zumal wenn eine nördlich auf diesen Platz stoßende Straße den Blick auf die Kirche eindrucksvoll freigibt.

Gewiß ist die Ausweitung des eigentlichen Wettbewerbsprogramms auch auf die Untersuchung städtebaulicher Gestaltungsmöglichkeiten begrüßenswert, und gewiß hat auch das Preisgericht der Fülle von Ideen, die dieser dritte Programmpunkt unter den Bewerbern ausgelöst hat, seine Anerkennung gezollt, aber es stellt auch in einem Nachwort zu seiner Niederschrift ausdrücklich fest, daß schon wegen des Fehlens eines bestimmten Aufbau- und Verkehrsprogramms den Architekten ziemlich schrankenlose Möglichkeiten ohne strenge Bindung geboten waren, und daß deshalb die städtebauliche Beurteilung vorerst noch zurücktreten muß, „weil die Grundfragen der Stadtplanung z. Z. noch nicht geklärt sind. Auch in dieser Beziehung war der Wettbewerb jedoch nicht vergeblich, sondern hat wertvolle Anregungen für die künftige Umgestaltung der Frankfurter Innenstadt gebracht."

Nach dieser Einführung in die besondere Bedeutung des Wettbewerbs, der allein schon durch den Dreiklang seiner Themenstellung an das vielseitige Können der Teilnehmer ungewöhnliche Anforderungen gestellt hat, folgt anschließend die Beurteilung der durch Preise und Ankäufe ausgezeichneten Entwürfe, die von den Fachpreisrichtern unter 109 eingereichten Arbeiten ausgewählt worden sind.

1. Preis, Verfasser: Architekt Schaupp, Frankfurt a. M. - Bad Homburg v. d. H. (Bild 7 hierneben, sowie Bild 3, 4 und 8).

Der Entwurf läßt die Paulskirche in ihrer monumentalen Gestalt unberührt. Er schafft auf der Ostseite der Paulskirche einen Platz, der seinen Eingang von der Neuen Kräme erhält. Die Schaffung dieses auf der Ostseite gelegenen, vom Verkehr abgeschlossenen Platzes kann als eine wertvolle Anregung des Projektes angesehen werden. Der Platz ist durch eine am Osteingang der Paulskirche vorgesehene Rednerkanzel sinnvoll betont. Allerdings ist dieser Vorschlag nur unter Aufgabe der alten Börse zu erreichen. Durch die Schaffung dieses geschlossenen neuen Pauls-Platzes entsteht an der Wedelgasse ein Gebäudetrakt, der gleichzeitig den Turm der Paulskirche wirkungsvoll faßt. Als besonders anerkennenswert an dem Projekt kann die Durchgestaltung des Innenraumes der Kirche gelten. Hier wird die monumentale Größe der Umfassungswand erhalten und die Intimität des eigentlich kirchlichen Raumes durch ein inneres Oval hergestellt, das in der Altarnische einen wirkungsvollen Abschluß erhält. Die Architektur des umrahmenden Verwaltungsgebäudes steht nicht auf der Höhe der Innenraumgestaltung der Kirche.

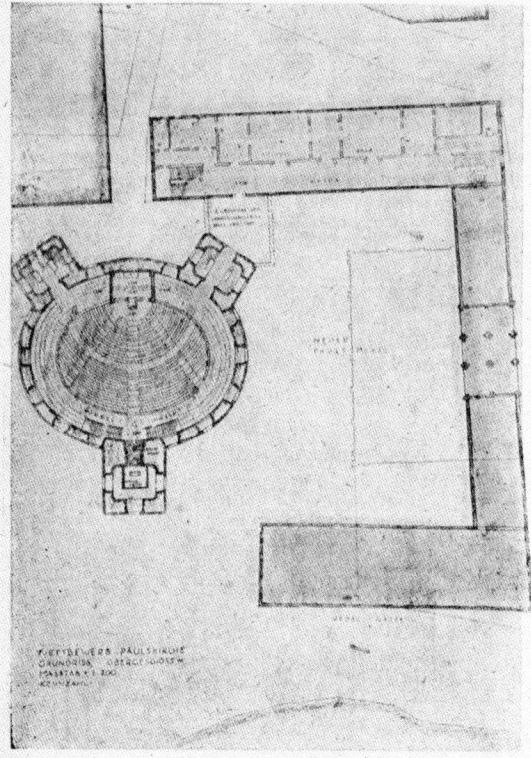

Bild 7. Der Lageplan des mit dem ersten Preise ausgezeichneten Entwurfes des Architekten Schaupp, Frankfurt a. M. Maßst. 1:1000. Vgl. hierzu Bild 8. Unter Aufgabe der „Alten Börse" sieht der Verfasser an der Ostseite einen abgeschlossenen Platz vor mit einer Rednerkanzel am Osteingang der Kirche

Bild 8 bis 10. Die Gestaltung des Außenraumes um die Paulskirche. Links der Entwurf des ersten Preisträgers Architekt Schaupp (vgl. Bild 3, 4 und 7) In der Mitte der Entwurf der Architekten Throll und Rupp (ein 2. Preis), rechts der des Architekten Wagner (ein 2. Preis). Vgl. die Lagepläne unten

Ein 2. Preis, Verfasser: Architekt C. Throll in Gemeinschaft mit Architekt Ferdinand Rupp, Frankfurt a. M. (Bild 5, 9 und 11).

Der Entwurf erhält die alte Börse und schiebt von der alten Börse gegen die Wedelgasse einen schmalen, maßstäblich fein gehaltenen und niederen Baukörper vor, der die Flucht der Wedelgasse einhält, und stellt dann das Einheitsdenkmal in den so entstehenden einspringenden Winkel. Für den Fall, daß die alte Börse erhalten bleiben soll, erscheint diese Lösung als die gegebene.

Die Paulskirche bleibt frei von Anbauten und in ihrer Monumentalität erhalten, da der Verfasser die Verbindung mit dem Verwaltungsgebäude durch einen unterirdischen Gang herstellt. Ein Straßenzug auf der Nordseite in der Achse des Turmes sowie die Raummasse des Platzes auf der Nordseite der Kirche erscheinen glücklich gelöst.

Die Ausnutzung der alten Börse erscheint grundrißlich geglückt. Die räumliche Durchbildung der Paulskirche fällt dagegen etwas ab, ebenso die Außenarchitektur an der Nordseite des Paulsplatzes.

Ein 2. Preis, Verfasser: Architekt F. Wagner, Bad Soden am Taunus (Bild 6, 10 und 12).

Das Projekt bringt eine eigenartig neue Lösung zur Gestaltung des Paulsplatzes, indem der Verfasser den nordöstlichen der hinteren Treppeneinbauten abbricht und dadurch die Möglichkeit schafft, in der Diagonale das Verwaltungsgebäude einzugliedern. Es entsteht dadurch eine unsymmetrische Platzgruppe von zwei Plätzen: im Osten der Paulsplatz und ein weiterer Platz im Norden. Dieser allerdings kühne Eingriff in die Bausubstanz ermöglicht es, den einen der beiden Treppentürme abzutragen und in eine Ueberbrückung zu verwandeln. Auch die innere Gestaltung bringt die monumentale Größe des Innenraumes richtig zur Geltung. Die architektonische Durcharbeitung zeugt von künstlerischem Können.

Ein 2. Preis, Verfasser: Architekt C. Throll in Gemeinschaft mit Architekt Ferdinand Rupp, Frankfurt a. M.

In bezug auf die architektonische Eingliederung der alten Börse kann das für das Projekt Nr. 23 (erster Entwurf Throll und Rupp) Gesagte gelten. Auch die Ausbildung auf der Nordseite der Paulskirche befriedigt in ihren räumlichen Ausmaßen. Das Projekt zeigt eine städtebauliche Lösung, die im Grundriß in vollem Maße befriedigt. Das Einheitsdenkmal kann bei dieser Lösung an seinem bisherigen Platz bestehen bleiben. Durch das Einziehen einer Decke und die Schaffung eines Erdgeschoßraumes als Foyer geht die großartig monumentale Haltung des Innenraumes verloren.

3. Preis, Verfasser: Dipl.-Ing. Theo Kellner, Friedrichsdorf im Taunus und Architekt Karl Molzahn, Frankfurt a. M. (umstehend Bild 13 bis 16).

Der Wert des Projektes liegt in der feinfühligen Durchbildung des Innenraumes, die der Monumentalität der erhaltenen Bauteile in vollem Maße Rechnung trägt. Dem Entwurf ohne Empore wäre dabei der Vorzug zu geben. Leider steht die Haltung der Umgebung der Kirche nicht auf derselben künstlerischen Höhe wie der Innenraum.

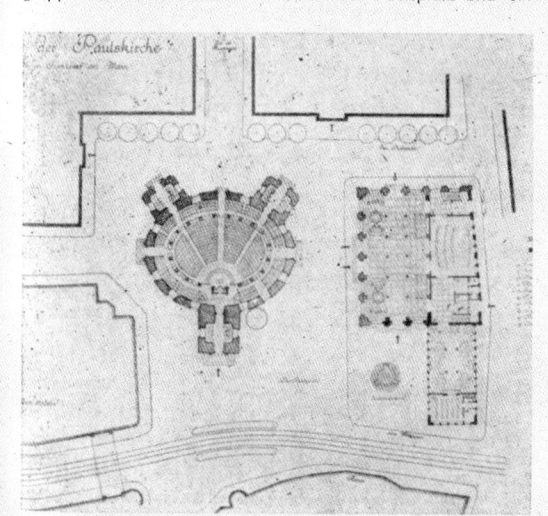

Bild 11. Ein zweiter Preis. Lageplan 1:1500 der Architekten C. Throll und Ferdinand Rupp unter Beibehaltung der „Alten Börse". Vgl. Bild 5 und 9

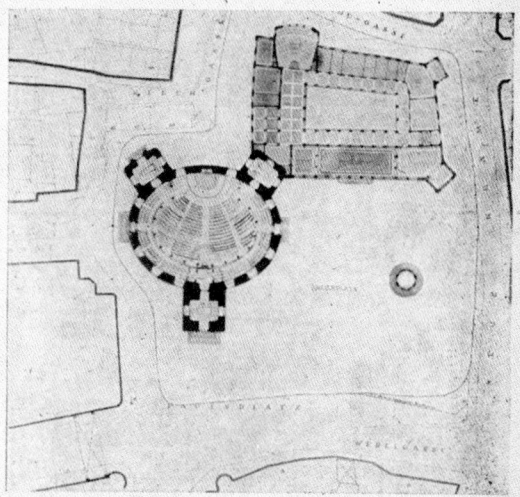

Bild 12. Ein zweiter Preis. Lageplan 1:1500 des Architekten E. Wagner mit unmittelbarem Anschluß des neuen Verwaltungsgebäudes. Vgl. Bild 6 und 10

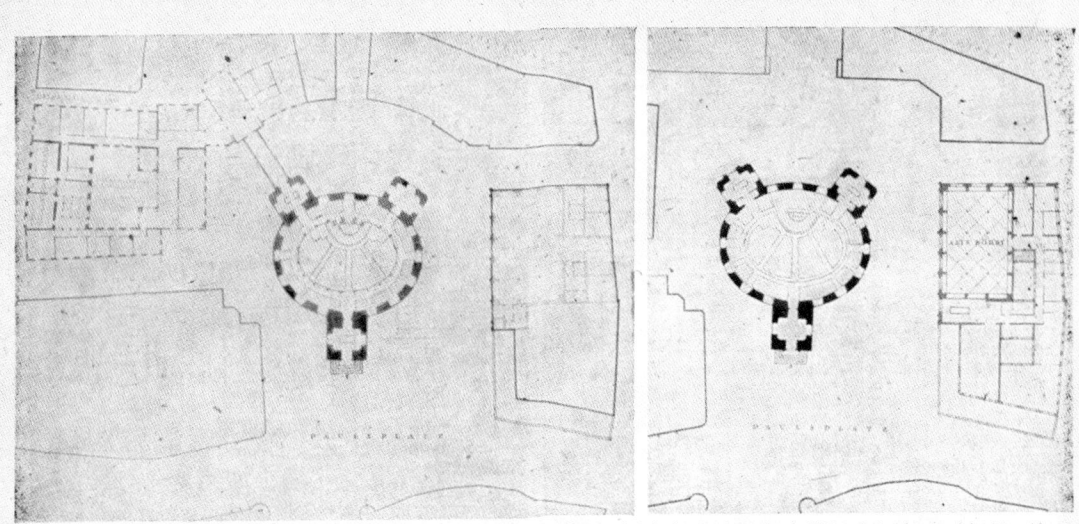

Bild 13 und 14. Der mit dem dritten Preise ausgezeichnete Entwurf der Architekten Kellner und Molzahn. Der Lageplan 1:1500 und ein abgewandelter Vorschlag

Ein Ankauf, Verfasser: Dipl.-Ing. Walter Schultz und Architekt Heinrich Lehberger, Frankfurt a. M. (Bild 17 und 18).

Der Verfasser kommt zu einer Platzgruppe von zwei Plätzen, von denen der eine auf der Nordseite, der andere auf der Süd-Ostseite liegt. Der Anbau an die Paulskirche wirkt zu schwer. Ebenso der zwischen die beiden Treppentürme eingespannte vorgebaute Bautrakt. Die Gestaltung des Innenraumes der Kirche zeigt eine gewisse Nüchternheit.

Ein Ankauf, Verfasser: Architekt Gustav Scheinpflug, Frankfurt a. M.; Mitarbeiter: Hans Vock (gegenüber, Bild 19 bis 21).

Der Verfasser läßt die Paulskirche unbelastet von allen Anbauten und schafft auf der Ostseite einen weiten Platzraum, der mit einem schmalen Flügel bis an die Wedelgasse vorstößt. Die städtebauliche Fassung der Paulskirche erscheint auf der Ostseite zu locker. Die Umgebung der Nordseite der Paulskirche ist befriedigend. Die romantisierenden Motive der

Bild 15 und 16 (hierneben). Kellner und Molzahn, Gestaltung des Innenraumes. Der Entwurf ohne Empore hat die besondere Anerkennung des Preisgerichtes

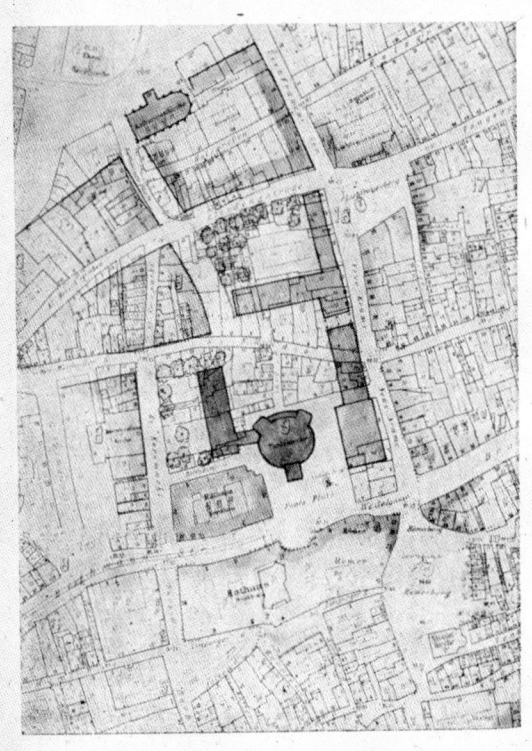

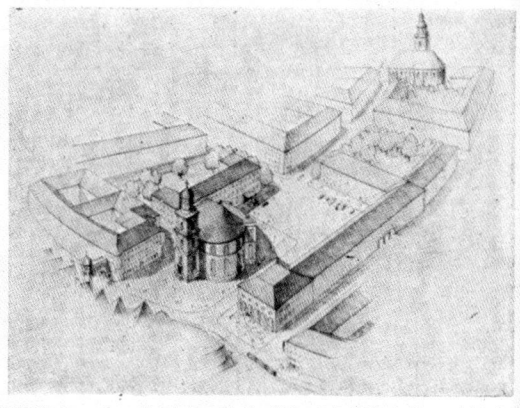

Bild 17. Der nebenstehende Lageplan im Maßstab 1:4000 mit dem angekauften Entwurf der Architekten Walter Schultz und Heinrich Lehberger, Frankfurt, gibt zugleich ein Bild der weiteren Umgebung der Frankfurter Paulskirche

Bild 18 (hierüber). Vogelschau des Entwurfs von Schultz und Lehberger Im Hintergrunde die Katharinenkirche; vgl. den nebenstehenden Lageplan

Bild 19 bis 21 Ein Ankauf. Architekt Gustav Scheinpflug unter Mitarbeit von Architekt Hans Vock, Bergen

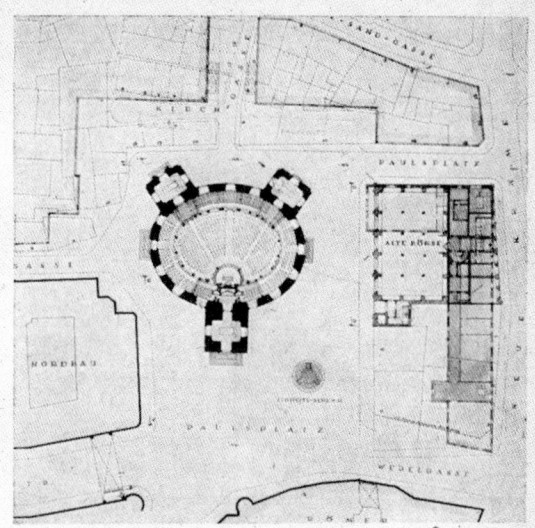

Rechts der Lageplan im Maßstabe 1:1500 Links Blick auf das neue Verwaltungsgebäude und Vogelschau

Architektur wirken in Nachbarschaft der Größe der Paulskirche ausgesprochen kleinlich. Auch die Haltung des Innenraumes entspricht nicht der städtebaulichen Qualität.

Ein Ankauf, Verfasser: Architekt Walter Joos (hierneben).

Der Verfasser bringt ein dem Oval der Paulskirche sich anschmiegendes Verwaltungsgebäude in organische Beziehung zu den Treppentürmen der Nordseite und kommt damit zu einer geschlossenen Grundrißlösung. In programmatischer Beziehung bietet der Vorschlag interessante Lösungen, die jedoch noch einer weiteren Durcharbeitung bedürften.

Zum Schluß bemerkt das Preisgericht: „Die heutige Situation bringt es mit sich, daß ein eindeutiges architektonisches Gesicht des Bauschaffens unserer Zeit noch nicht erkennbar ist." Mit dieser den Wissendenden und Eingeweihten nicht überraschenden Erkenntnis schließt das Preisgericht seine Niederschrift des Ideenwettbewerbs für die Wiederherstellung der Paulskirche, eines historischen Baues, der vor hundert Jahren als Neubau von Rang ein politisch bedeutsames Geschehen in seinen Mauern barg und der für Gegenwart und Zukunft dazu ausersehen ist, das selbst als Ruine noch Würde und Schönheit atmende Oval seines Innenraums wieder zur Weihestätte für die Säcularfeier der deutschen Nationalversammlung werden zu lassen.

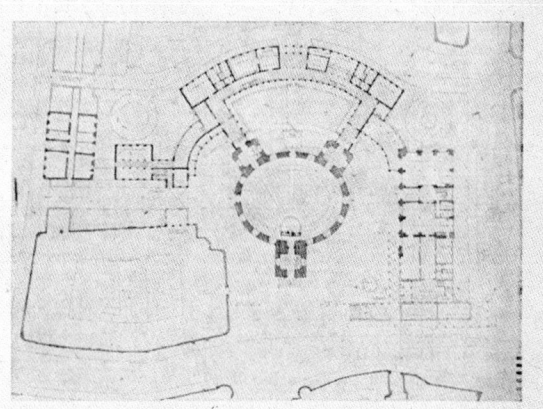

Bild 22. Der angekaufte Entwurf von Architekt Walter Joos, Frankfurt a. M. Der Verfasser hat eine sehr weiträumige Umgebung im Anschluß an das Oval der Paulskirche vorgesehen. Der Lageplan ist im Maßstab 1 : 2000 wiedergegeben

Der Sinn des Zehlendorfer Plans

Von Dipl.-Ing. WALTER MOEST,
Außenstelle Zehlendorf im Hauptamt für Planung

Es ist schon lange der Wunsch der Fachgenossen gewesen, von den beiden Entwürfen für den Wiederaufbau Berlins, die im Hauptamt für Planung durchgearbeitet wurden, Veröffentlichungen in die Hand zu bekommen, in denen diese Entwürfe eingehender dargestellt werden, als es in einem Zeitschriftenaufsatz möglich ist. (Heft 1/1946 und 10/1946 der „Neuen Bauwelt").

So erscheint nun unter dem Titel „Der Zehlendorfer Plan" ein Bericht über die Untersuchungen der Außenstelle Zehlendorf mit zahlreichen Abbildungen. Das Heft ist drucktechnisch einwandfrei, die Abbildungen sind maßstabsgetreu, zum Teil farbig und ermöglichen so ein eingehendes Studium des Entwurfs.[1]

In diesem Zeitpunkt halte ich es für nützlich, den Fachgenossen, die mit dem Gang der Berliner Planung nicht vertraut sind, einiges über den Sinn des Zehlendorfer Plans zu sagen, um die so sehr erwünschte Kritik vor unnötigen Wegen zu bewahren. Der Zehlendorfer Plan ist kein endgültiger Entwurf und hat es auch nie sein wollen. Er ist auch kein Generalbebauungsplan, sondern eine Untersuchung des Berliner Ver-

kehrs. Warum gerade dieses Teilgebiet als vordringlich herausgegriffen wurde, wird in der Schrift eingehend erörtert; gleichwohl werden auf Grund der Verkehrsuntersuchung auch Vorschläge für die Bau- und Flächenplanung gegeben.

Was ist also eigentlich der Zehlendorfer Plan? Er ist, kurz formuliert, ein „städtebauliches Experiment".

Dieser neue Begriff verlangt eine Erläuterung.

Die Naturwissenschaften beruhen seit Jahrhunderten auf dem Experiment. Man stellt nicht die mehr oder weniger zufälligen Einzelbeobachtungen zusammen — das wäre ein unwissenschaftliches „Herumtappen" (Kant) —, sondern man stellt an die Natur in der Form des Experiments ganz bestimmte Fragen, auf die sie durch den Ausfall des Versuchs antworten muß. Diese Antworten faßt der Forscher zu Theorien zusammen, die dann unter anderem als Richtschnur für das praktische Konstruieren des Technikers dienen können.

Solche Experimente gilt es auch im Städtebau zu machen, wenn er einwandfrei fundiert werden soll; nur so kann das Ueberwiegen von unwissenschaftlichen, vorgefaßten Meinungen und können endlose, theoretische Streitigkeiten vermieden werden.

Aus wirtschaftlichen Gründen muß ein solches Experiment in der Regel in Entwürfen bestehen; denn Versuche in der Natur,

[1] „Der Zehlendorfer Plan." Von Architekt Dipl.-Ing. Walter Moest. (Schriftenreihe der „Neuen Bauwelt".) DIN A 4. 52 Seiten mit 15 Abbildungen und Plänen, z. T. vierfarbig, und einem fünffarbigen Gesamtplan (Ausschlagtafel). 7,50 M. Verlag des Druckhauses Tempelhof, Berlin-Tempelhof, Berliner Straße 105-106.

Die Planungsgemeinschaft Paulskirche

Noch im November 1946 beauftragte die Stadt, eingefädelt von Stadtbaurat Eugen Blanck, den Architekten Rudolf Schwarz, die Projektbearbeitung gemeinsam mit Schaupp zu übernehmen. Der Kölner Architekturprofessor Schwarz galt auf dem Gebiet des modernen Kirchenbaus als Koryphäe. Mit dem Frankfurter Architekten Johannes Krahn, einem langjährigen Mitarbeiter von Schwarz, war die Planungsgemeinschaft Paulskirche[13] unter der Oberleitung von Blanck selbst komplett.[14]

Wie in Schaupps ursprünglichem Entwurf vorgesehen, beließ auch die Planungsgemeinschaft den Kirchen- und Tagungsraum weitgehend frei von Einbauten. |09 |12 Die in frühen Zeichnungen angedachten Balkone verwarfen die Architekten bald wieder, „um der ungeteilten Größe des Raumgedankens willen"[15]. |10 |11 So gliedern lediglich von der Decke bis fast auf den Boden herabhängende Leuchtkörper den Raum und erinnern behutsam an die Säulen der ehemaligen Empore. Die leichte Holzdecke mit Oberlicht, weiß verputzte Wände, einfache Bestuhlung und der Natursteinboden sorgen für eine feierliche Schlichtheit. Nur der erhöhte Bereich mit dem Rednerpult an der Stirnseite des Saals sollte aufwendig in Marmor gearbeitet werden – letztendlich wurde es Muschelkalk.[16] Für die Fenster war eine Ornamentverglasung geplant; vorerst wurde jedoch Rohglas eingebaut.[17] Die neue Sprossenteilung war deutlich grobmaschiger als die alte. „Der Bau dient heute geistigen Dingen von hohem Rang […]", stellte Schwarz 1960 zufrieden fest, „und er ist von einer solch nüchternen Strenge, daß darin kein unwahres Wort möglich sein sollte."[18] |04

Außerdem überarbeiteten die Architekten die Eingangssituation, indem sie die mächtige Freitreppe verkürzten und das Portal fast zu ebener Erde ließen. Ein überwölbter Torweg im Sockel des Turms führt in die Wandelhalle, die die Planungsgemeinschaft auch als „Krypta" bezeichnete. Dieses niedrige Zwischengeschoss wurde neu eingezogen und bleibt, durch kleine, in die Fassade gestemmte Fenster nur spärlich belichtet, bewusst im Halbdunkel. |13 |14 Der Fokus liegt auf der mittigen „Zelle", einem ovalen Beratungsraum, „wo im Stillen und Verborgenen vorbereitet wird, was droben öffentlich werden soll." |15 Auf dessen Außenwand sollte ein Kunstwerk aufgebracht werden. Vorerst blieb sie noch kahl. Die das Oval umstehenden 14 Marmorsäulen tragen den darüberliegenden Saal, in den zwei, der Rundung der Außenwand folgende Treppen führen. |16 Diesen Dreischritt aus Torweg, Wandelhalle und Saal verstanden die Architekten symbolisch: „[W]enn man die Folge der Räume durchschreitet, vollzieht man eine Bewegung aus dem Niedern, Halbdunklen, Ertragenden ins Hohe, Lichte und Freie. Wir wollten damit ein Bild des schweren Weges geben, den unser Volk in dieser seiner bittersten Stunde zu gehen hat"[19].

epochs, and often even identified blatant references to the formal vocabulary of the Third Reich. Judging by their drawings, Mäckler considered the architects to "almost all be SA men."[12] It was more for pragmatic reasons that the jury likewise did not view any of the entries as ready for realization, including Schaupp's winning design.

The Paulskirche Planning Committee

As early as November 1946, the City commissioned architect Rudolf Schwarz to take over responsibility for the project together with Schaupp in a move instigated by Municipal Planning Councilor Eugen Blanck. Cologne-based architecture professor Schwarz was considered an expert in the field of modern church construction. Frankfurt architect Johannes Krahn, a long-time employee of Schwarz, completed the Paulskirche Planning Committee,[13] the overall management of which was in the hands of Blanck himself.[14]

As envisaged in Schaupp's original design, the planning committee left the church/assembly hall largely free of installed elements. |09 |12 The architects soon dispensed with the balconies conceived in early drawings "in order to uphold the undivided grandeur of the spatial concept." [15] |10 |11 Consequently, light fixtures hanging down from the ceiling almost to the floor were the only elements structuring the space and offered a gentle reminder of the columns of the former gallery. The seemingly weightless wooden ceiling with a skylight, walls rendered white, simple seating furniture and natural-stone floor gave rise to a solemn simplicity. Only the elevated section with the lectern at the head of the hall was to be elaborately realized in marble—ultimately it was done in shell limestone.[16] Ornamental glazing was planned for the windows; initially however raw glass was installed.[17] The new glazing bars were considerably further apart than the old ones. "Today the building serves intellectual matters of great import […]," noted Schwarz contentedly in 1960, "and it has such sober rigor that barely an untrue word should be possible in it."[18] |04

In addition, the architects overhauled the entrance area by shortening the large flight of steps and setting the portal almost at ground level. A vaulted gateway in the base of the tower led into the foyer, which the planning committee also called the "crypt." This low-level intermediate floor was retrofitted and deliberately kept in semi-darkness by means of small windows chiseled into the façade, providing minimal light. |13 |14 The focus was on the central "cell," an oval meeting room

|04 Blick aus dem Regieraum in den Saal, Foto: ca. 1948 |04 View from the control room into the hall, photo: c. 1948

|05

|06

|05 Grundsteinlegung zum Wiederaufbau der Paulskirche durch Oberbürgermeister Walter Kolb, Ministerpräsident Christian Stock und Stadtkommandant Robert K. Phelps (v.l.n.r.), 17. März 1947 |06 Eröffnung eines Teilabschnitts der Friedrich-Ebert-Siedlung durch Oberbürgermeister Walter Kolb am Vortag der Wiedereröffnung der Paulskirche, 17. Mai 1948

|05 Lord Mayor Walter Kolb, Minister President Christian Stock, and City Commander Robert K. Phelps (from left to right) lay the foundation stone for the rebuilding of the Paulskirche, March 17, 1947 |06 Lord Mayor Walter Kolb opens part of the Friedrich Ebert Estate the day before the reopening of the Paulskirche, May 17, 1948

"where what was to be made public up there could be prepared in a quiet and concealed place." |15 An artwork was to be installed on its exterior wall, but it initially remained bare. The 14 marble pillars around the edge of the oval support the overlying hall, reached by two sets of stairs following the curve of the outer wall. |16 The architects saw this triad of gateway, foyer and hall in a symbolic sense: "When one passes through the sequence of rooms, one moves from the lower, semi-dark and load-bearing into the high, light and free. In so doing, we wanted to represent an image of the difficult path that our people must walk in this their most bitter hour."[19]

Modernity Versus Tradition

The planning committee's work was swiftly accompanied by protests from the traditionalists – first and foremost among them Fried Lübbecke, chairman of the "Bund tätiger Altstadtfreunde" (Association of Active Friends of the Old Town). In early 1947 he outlined his reasons for rejecting the design in a treatise. Given that he was also head of the municipal Paulskirche panel, the matter was particularly tricky. Lübbecke thought the ruins looked like a "giant gasometer" in which the observer appeared lost and "pygmy-like." To counter this impression, he declared it necessary to prune the "giant room" down to size. He thus favored the design proposed by Throll and Rupp in the competition, which included a foyer reaching up to the height of the former gallery.[20]

The traditionalists and the planning committee were worlds apart, which was evident already from the different ways they viewed the ruins of the church. Whereas Lübbecke disparagingly spoke of a "pot shape," Schwarz enthused: "[T]he large ruins were far more splendid than the earlier structure; a giant round of bare, charred stones of almost Roman weightiness. The building had never been so beautiful, and we managed to ensure it stayed that way."[21]

In the crucial meeting of the City Council none of the municipal delegates was on Lübbecke's side. They unanimously voted for the design put forward by the planning committee: "We have no reason to bypass our own expertise and copy long-gone eras or reanimate them by way of false pathos."[22]

Housing Shortage and Empty Coffers

Lord Mayor Kolb demonstrated great political courage and farsightedness when he prioritized efforts to rebuild the Paulskirche in the face of a terrible housing shortage.

Moderne versus Tradition

Die Arbeit der Planungsgemeinschaft wurde schnell von Protesten der Traditionalisten begleitet – allen voran Fried Lübbecke, Vorsitzender des „Bundes tätiger Altstadtfreunde". Anfang 1947 legte er in einer Denkschrift seine Gründe für die Ablehnung dar. Da er zugleich auch den städtischen Paulskirchen-Ausschuss leitete, war dieser Vorstoß durchaus heikel. Auf Lübbecke wirkte die Ruine wie ein „riesiger Gasometer", in dem sich der Betrachter „pygmäenhaft" verlor. Um diesem Eindruck zu begegnen, erklärte er es für nötig, den „Riesenraum" zurechtzustutzen. Er favorisierte daher den von Throll und Rupp im Wettbewerb vorgelegten Entwurf eines Foyers, das bis auf die Höhe der früheren Galerie reichte.[20]

Zwischen den Traditionalisten und der Planungsgemeinschaft lagen Welten, was schon an der unterschiedlichen Betrachtungsweise der Ruine zu erkennen ist. Während Lübbecke abfällig von einem „Kessel" sprach, schwärmte Schwarz: „[D]ie große Ruine war weitaus herrlicher als das frühere Bauwerk, ein riesiges Rund aus nackten, ausgeglühten Steinen von einer beinahe römischen Gewaltsamkeit. So schön war das Bauwerk noch niemals gewesen, und wir erreichten, daß es so blieb."[21]

In der entscheidenden Sitzung des Stadtparlaments stand keiner der Stadtverordneten auf Lübbeckes Seite. Einstimmig fiel die Entscheidung für den Entwurf der Planungsgemeinschaft: „[W]ir haben keine Veranlassung, unser eigenes Können in den Schatten zu stellen und längst vergangene Zeiten zu kopieren oder als falsches Pathos wieder lebendig werden zu lassen."[22]

Wohnungsnot und leere Kassen

Oberbürgermeister Kolb bewies großen politischen Mut und Weitblick, als er angesichts furchtbarer Wohnungsnot der Paulskirche den Vorrang gab. Das Vorhaben, den Wiederaufbau der Stadt mit einer eher symbolischen Geste zu beginnen, musste bei den Ausgebombten, die noch in Bunkern und Kellern lebten, auf Unverständnis stoßen. Der bittere Kommentar einer Witwe, die Anfang 1947 mit ihrem Sohn noch immer in einem feuchten Kellergewölbe hauste – „Wenn die Paulskirche fertig ist, ziehe ich in die Sakristei"[23] – lässt die Stimmung unter den Obdachlosen erahnen. Um solcherart Kritik den Wind aus den Segeln zu nehmen, hatten die Stadtverordneten im November 1946 auf Initiative der CDU einstimmig beschlossen, parallel zur Paulskirche die kriegszerstörte Friedrich-Ebert-Siedlung im Gallusviertel wieder aufzubauen.[24] Am frühen Morgen des 17. März 1947 versammelte sich ein illustrer Kreis von Ehrengästen zunächst in der Ruine der Paulskirche und eine Dreiviertelstunde später in der Friedrich-Ebert-Siedlung zur doppelten Grundsteinlegung im Beisein des amerikanischen Stadtkommandanten Oberst Robert K. Phelps und des hessischen Ministerpräsidenten Christian Stock. |05|06

Bis zur Jahrhundertfeier der Nationalversammlung waren es nur noch 16 Monate. Aus eigener Kraft konnte das notleidende Frankfurt in der Kürze der Zeit den Wiederaufbau der Paulskirche nicht bewerkstelligen. Kolb hatte daher bereits im Januar 1947 an ausgewählte Gemeinden, Firmen und Einzelpersonen einen Aufruf mit der Bitte um Unterstützung verschickt. Er erhob den Wiederaufbau der Paulskirche zu einer gesamtdeutschen Angelegenheit – es gehe nicht um Frankfurt, sondern um Deutschland.[25] Trotz des allgemeinen Mangels fand der Hilferuf für das „wichtigste politische Bauprojekt des Landes"[26] eine unerwartet positive Resonanz. Insgesamt wurden der Stadt Frankfurt bis November 1947 mehr als 1,8 Millionen Reichsmark zugesichert; darunter befand sich zum Beispiel auch eine 10.000-Mark-Spende der Sozialistischen Einheitspartei Deutschlands (SED). Gleichzeitig waren exakt 327 Sachspenden eingetroffen. So kamen aus Thüringen drei mit Bauholz beladene Eisenbahnwaggons und aus dem benachbarten Offenbach eine Partie Leder für die Bestuhlung. Als trotz einiger Schwierigkeiten am 7. November 1947 die Fertigstellung des Rohbaus mit einem Richtfest gefeiert werden konnte, galt Kolbs Dank der Opferbereitschaft der an dem Werk beteiligten Städte, Kreise und Länder.[27] |07

Über die Nutzungsrechte an der Paulskirche einigten sich die Stadt Frankfurt und die Evangelische Stadtsynode erst in letzter Minute. Während die Stadt dort repräsentative Versammlungen und Kongresse abhalten wollte, betonten die Kirchenvertreter die sakrale Bestimmung des Hauses. Rein rechtlich befand sich die Synode in der besseren Ausgangsposition, da ihr der Ursprungsbau von der Stadt zur alleinigen Verfügung überlassen worden war. Darüber hinaus hatte diese zugesichert, das Kirchengebäude samt Interieur instand zu halten.[28] Oberbürgermeister Kolb und der Vorstand der Stadtsynode unterzeichneten nach zähem Ringen kurz vor der anstehenden Hundertjahrfeier eine Vereinbarung. Für die Dauer von zehn Jahren[29] wurde der Stadt das Recht eingeräumt, in der Paulskirche festliche Versammlungen abzuhalten. Im Gegenzug verpflichtete sie sich, die benachbarte Nikolaikirche auf dem Römerberg wieder aufzubauen und der Stadtsynode zur Verfügung zu stellen.[30]

Die Jahrhundertfeier der Nationalversammlung

Wie ein Jahrhundert zuvor die Abgeordneten der Nationalversammlung zogen am Nachmittag des 18. Mai 1948 die Ehrengäste der Zentenarfeier unter Glockenläuten vom Römer zur teilweise noch eingerüsteten, im Wesentlichen aber fertiggestellten Paulskirche. In der Begrüßungsansprache beschwor Kolb den Geist von 1848 als zukunftsweisend für den demokratischen Neubeginn. Die hehren Ideale des

Those who had been bombed out of their homes and were still living in bunkers and basements no doubt could not comprehend the plan to begin the rebuilding of the city with a symbolic gesture. The bitter comment of a widow who in early 1947 was still living with her son in a damp cellar vault – "When the Paulskirche's finished I'm moving into the sacristy"[23] – provides an idea of the mood that prevailed among the homeless. To stymie this kind of criticism, in November 1946 the municipal councilors, on the initiative of the Conservatives, had unanimously resolved to rebuild the destroyed Friedrich Ebert Estate in the city's Gallus district parallel to the Paulskirche.[24] In the early morning of March 17, 1947, an illustrious circle of honored guests gathered first among the ruins of the Paulskirche and 45 minutes later in the Friedrich Ebert Estate for the double groundbreaking ceremony. It was attended by the American City Commander Colonel Robert K. Phelps and Hesse State Premier Christian Stock. |05|06

There were only 16 months to go until the centenary of the National Assembly. In its destitute state, within such a short space of time Frankfurt was not able to accomplish the rebuilding of the Paulskirche on its own. As such, as early as January 1947 Kolb had sent a letter to selected communities, companies and individuals asking them for support. He elevated the rebuilding of the Paulskirche to the status of a pan-German affair: It was not about Frankfurt, but Germany as a whole.[25] Despite the general shortages unexpectedly the call for help for the "most important political construction project in the country"[26] was favorably received. Altogether, by November 1947 the City of Frankfurt had been guaranteed more than 1.8 million Reichsmarks; this included, for instance, a 10,000 Mark donation from the Socialist Unity Party of Germany. Moreover, precisely 327 donations in kind were received. Three railway carriages loaded with timber arrived from Thuringia, for example, and a batch of leather for the seating was donated from neighboring Offenbach. When, despite several difficulties, a topping-out ceremony was held to mark the completion of the shell on November 7, 1947, Kolb thanked the towns, districts and states involved in the project for their willingness to make sacrifices.[27] |07

It was not until the last minute that the City of Frankfurt and the city's Protestant synod were able to agree on usage rights for the Paulskirche. Whereas the City wanted to hold representative assemblies and congresses there, the representatives of the Church emphasized the building's religious purpose. Legally speaking, the synod was in the better

|07 Richtfest zum Wiederaufbau der Paulskirche, 7. November 1947 |07 Topping-out ceremony for the rebuilding of the Paulskirche, Nov. 7, 1947

|08 Wieder aufgebaute Paulskirche, Foto: ca. 1958 |08 Rebuilt Paulskirche, photo: c. 1958

position initially, because the City had handed over the original building to it for its sole use. Moreover, the City had pledged to maintain the church building, including its interior.[28] After tough negotiations, Lord Mayor Kolb and the board of the synod signed an agreement shortly before the centenary. For a period of ten years,[29] the City was granted the right to hold official assemblies in the Paulskirche. In return, it pledged to rebuild the nearby Nikolaikirche on the Römerberg and make it available to the synod.[30]

The National Assembly Centenary

Accompanied by the chiming of bells and, like the delegates of the National Assembly a century before, on the afternoon of May 18, 1948 the honored guests of the centenary celebrations filed from City Hall "Römer" into the Paulskirche. The building was partly still in scaffolding but essentially complete. In his welcome address, Kolb invoked the spirit of 1848 as trailblazing for the new democratic start. In 1948, Kolb considered the noble ideals of the Paulskirche Parliament – individual liberty and national unity – more relevant than ever. He then extended an exceedingly warm welcome to the main speaker, the writer Fritz von Unruh on his first visit back to Germany after having spent 16 years in exile.[31]

The celebrations in the Paulskirche in 1948 represented more than merely a historical anniversary. The rebuilding of the symbolic edifice was a commitment to the democratic traditions and signaled a new democratic start to the family of nations. Regarding the form of the rebuilding, church architect Otto Bartning was confident that "one day, when the dispute over the novelty has blown over," the citizens of Frankfurt would be "proud to own this building."[32] |08

Paulskirchen-Parlaments, Freiheit der Person und Einheit der Nation, hielt Kolb 1948 für aktueller denn je. Aufs Wärmste hieß er den nach 16-jährigem Exil erstmals wieder in Deutschland weilenden Schriftsteller Fritz von Unruh als Festredner willkommen.[31]

Die Paulskirchen-Feier 1948 stellte mehr dar als nur ein historisches Jubiläum. Der Wiederaufbau des symbolträchtigen Hauses war ein Bekenntnis zu den demokratischen Traditionen und ein an die Völkerfamilie gerichtetes Signal des demokratischen Neubeginns. In Bezug auf die Form des Wiederaufbaus zeigte sich Kirchenbaumeister Otto Bartning zuversichtlich, die Frankfurter würden „eines Tages, wenn der Streit um die Neuheit sich beruhigt hat, stolz darauf sein, dieses Werk zu besitzen."[32] |08

1 Vgl. die von Adolf Miersch in Vertretung des Oberbürgermeisters unterzeichnete „Dringlichkeitsliste I. A.", 15.8.1945, ISG, Magistratsakten 6550 und die „Bekanntmachung über die zentrale Lenkung des bauwirtschaftlichen Einsatzes", 17.8.1945, ISG, Magistratsakten AZ 3801, Bd. 1.
2 Vgl. das Schreiben des Kirchenvorstands an den Oberbürgermeister, 21.2.1946, und den Entwurf für das Antwortschreiben Blaums an die St. Paulsgemeinde, 9.4.1946, ISG, Magistratsakten 4.464, f. 83r./v. und 86 r./v.
3 Vgl. die Ausschreibung des Ideenwettbewerbs, 1.6.1946, in: *Mitteilungen der Stadtverwaltung Frankfurt am Main*, Nr. 24, 11.6.1946, S. 94. Vgl. das Schreiben mit dem Entwurf für den ausführlichen Ausschreibungstext von Stadtrat Miersch an Oberbürgermeister Blaum, 4.5.1946, ISG, Magistratsakten 4.465, f. 5r. und 10r. -12r. Vgl. Wendelin Leweke, *Geschichte der Paulskirche*, in: Magistrat der Stadt Frankfurt am Main (Hg.), *Die Paulskirche in Frankfurt am Main*, Frankfurt 1988, S. 19-59, hier S. 33-37.
4 Vgl. Thomas Bauer, *„Seid einig für unsere Stadt". Walter Kolb – Frankfurter Oberbürgermeister 1946-1956*, Frankfurt 1996.
5 Neben Walter Kolb saßen in der Jury der Darmstädter Professor Gruber, der Regierungsbaudirektor Bach aus Wiesbaden sowie Stadtbaudirektor Fischer und Architekt Assmann, beide aus Frankfurt.
6 Otto Fischer, *Die Wiederherstellung der Paulskirche*, in: *Neue Bauwelt*, Nr. 5, 1947, S. 67-71, hier S. 67.
7 Siehe in diesem Band Lucia Seiß, S. 32-43.
8 Vgl. Fischer (wie Anm. 6), S. 68.
9 Vgl. ebenda, S. 69/70.
10 Siehe in diesem Band Bernhard Unterholzner, S. 94-103.
11 Vgl. Fischer (wie Anm. 6), S. 71.
12 Hermann Mäckler, *Anmerkungen zur Zeit*, in: *Baukunst und Werkform*, Nr. 1, 1947, S. 12.
13 Siehe in diesem Band Liesner / Sturm, S. 12-31.
14 Vgl. Patricia Tratnik, *Materialien zum Wiederaufbau der Paulskirche 1946-1948*, Frankfurt 1985, Typoskript, Dokument 9. Vgl. Magistrats-Beschluss Nr. 157, 6.11.1946, ISG, Magistratsakten 4.464, f. 6r.
15 Planungsgemeinschaft Paulskirche (Rudolf Schwarz / Johannes Krahn / Gottlob Schaupp / Eugen Blanck), *Die neue Paulskirche*, in: *Die neue Stadt*, Nr. 3, 1948, S. 101-104, hier S. 104.
16 Siehe in diesem Band Bernhard Unterholzner, S. 94-103.
17 Vgl. Planungsgemeinschaft (wie Anm. 15), S. 104.
18 Rudolf Schwarz, *Kirchenbau. Welt vor der Schwelle*, Heidelberg 1960, S. 94.
19 Planungsgemeinschaft (wie Anm. 15), S. 104. Siehe auch: Dieter Bartetzko, *Denkmal für den Aufbau Deutschlands. Die Paulskirche in Frankfurt am Main*, Königstein/Ts. 1998, S. 50-53.
20 Fried Lübbecke, undatierte Denkschrift, ISG, Magistratsakten 4.465, f. 33r.-39r., hier f. 38r.
21 Schwarz (wie Anm. 18), S. 94.
22 Stenografische Berichte über die Verhandlungen der Stadtverordnetenversammlung, 3. Öffentliche Sitzung, 6.2.1947, §§ 104-106 (S. 52 f.), ISG, Stadtverordnetenversammlung: Protokolle P 980.
23 Zit. nach: Rudolf Krämer-Badoni, *Zustand einer Großstadtbevölkerung am Beispiel Frankfurts*, in: *Die Wandlung*, Nr. 2, 1947, S. 812-841, hier S. 832.
24 Vgl. *Eine Siedlung wird aufgebaut*, in: *Frankfurter Rundschau*, 30.11.1946.
25 Vgl. den Aufruf der Stadt Frankfurt am Main zum Wiederaufbau der Paulskirche, 20.1.1947, ISG, Nachlass Walter Kolb, S1-4/242.
26 Wolfgang Voigt, *„Ruf der Ruinen" oder Rekonstruktion. Altstadt, Paulskirche und Goethehaus nach den Luftangriffen des Zweiten Weltkriegs*, in: Philipp Sturm / Peter Cachola Schmal (Hg.), *Die immer Neue Altstadt. Bauen zwischen Dom und Römer seit 1900*, Frankfurt 2018, S. 64-73, hier S. 65.
27 Vgl. das Stifterbuch für den Wiederaufbau der Paulskirche, 1948, ISG, S 5/400. Vgl. die Zusammenstellung der Spenden bis 7.11.1947, in: Tratnik (wie Anm. 14), Dokument 41.
28 Vgl. das Schreiben der vorläufigen Leitung der Evangelischen Kirche in Frankfurt an Oberbürgermeister Kolb, 10.9.1946, ISG, Magistratsakten 4.462, f. 4r. und Protokolle der Magistratssitzungen 3.437 (10. u. 17.3.1947).
29 Noch vor Ablauf der befristeten Vereinbarung kam im September 1950 eine endgültige Regelung zustande: Die öffentliche Hand errichtete im Dominikanerkloster ein neues Verwaltungszentrum für die Evangelische Kirche und erlangte im Gegenzug die alleinige Verfügung über die Paulskirche.

1 Cf. the list signed off by Adolf Miersch on behalf of the Lord Mayor and entitled "Dringlichkeitsliste I. A.," August 15, 1945, ISG, Magistratsakten 6550 and the "Announcement on the Central Management of Construction Industry Activities", August 17, 1945, ISG, Magistratsakten AZ 3801, vol. 1.
2 Cf. the letter from the Church Board to the Lord Mayor, February 21, 1946, and the draft for Blaum's response to the Paulsgemeinde parish, April 9, 1946, ISG, Magistratsakten 4.464, f. 83r./v. and 86 r./v.
3 Cf. the tender for the ideas competition, June 1, 1946, in: *Mitteilungen der Stadtverwaltung Frankfurt am Main*, no. 24, June 11, 1946, p. 94. Cf. the letter with the draft for the exhaustive wording of the tender by City Councilor Miersch to Lord Mayor Blaum, May 4, 1946, ISG, Magistratsakten 4.465, f. 5r. and 10r. -12r. Cf. Wendelin Leweke, "Geschichte der Paulskirche," in: Magistrat der Stadt Frankfurt am Main (ed.), *Die Paulskirche in Frankfurt am Main*, (Frankfurt, 1988), pp. 19-59, here pp. 33-37.
4 Cf. Thomas Bauer, *"Seid einig für unsere Stadt." Walter Kolb – Frankfurter Oberbürgermeister 1946-1956*, (Frankfurt, 1996).
5 Alongside Walter Kolb, other jury members included the Darmstadt-based Professor Gruber, Government Buildings Director Bach from Wiesbaden, and Municipal Planning Councilor Fischer and architect Assmann, both from Frankfurt.
6 Otto Fischer, "Die Wiederherstellung der Paulskirche," in: *Neue Bauwelt*, no. 5, (1947), pp. 67-71, here p. 67.
7 See also Lucia Seiß in this book, pp. 32-43.
8 Cf. Fischer (see note 6), p. 68.
9 Cf. ibid., pp. 69-70.
10 See also Bernhard Unterholzner in this book, pp. 94-103.
11 Cf. Fischer (see note 6), p. 71.
12 Hermann Mäckler, "Anmerkungen zur Zeit," in: *Baukunst und Werkform*, no. 1, (1947), p. 12.
13 See also Liesner & Sturm in this book, pp. 12-31.
14 Cf. Patricia Tratnik, M*aterialien zum Wiederaufbau der Paulskirche 1946-1948*, (Frankfurt, 1985), typescript, document 9. Cf. City Council Resolution no. 157, November 6, 1946, ISG, Magistratsakten 4.464, f. 6r.
15 Planungsgemeinschaft Paulskirche (Rudolf Schwarz, Johannes Krahn, Gottlob Schaupp & Eugen Blanck), *Die neue Paulskirche*, in: *Die neue Stadt*, no. 3, (1948), pp. 101-04, here p. 104.
16 See also Bernhard Unterholzner in this book, pp. 94-103.
17 Cf. Planungsgemeinschaft (see note 15), p. 104.
18 Rudolf Schwarz, *Kirchenbau. Welt vor der Schwelle*, (Heidelberg, 1960), p. 94.
19 Planungsgemeinschaft (see note 15), p. 104. See also: Dieter Bartetzko, *Denkmal für den Aufbau Deutschlands. Die Paulskirche in Frankfurt am Main*, (Königstein/Ts., 1998), pp. 50-53.
20 Fried Lübbecke, undated treatise, ISG, Magistratsakten 4.465, f. 33r.-39r., here f. 38r.
21 Schwarz (see note 18), p. 94.
22 Stenographed minutes of the debates of the City Council, third public session, February 6, 1947, sections 104-06 (pp. 52f.), ISG, City Council minutes P 980.
23 Quoted from: Rudolf Krämer-Badoni, "Zustand einer Großstadtbevölkerung am Beispiel Frankfurts," in: *Die Wandlung*, no. 2, 1947, pp. 812-41, here p. 832.
24 Cf. "Eine Siedlung wird aufgebaut," in: *Frankfurter Rundschau*, (November 30, 1946).
25 Cf. Call by the City of Frankfurt am Main for Donations for the Rebuilding of the Paulskirche, January 20, 1947, ISG, Estate of Walter Kolb, S1-4/242.
26 Wolfgang Voigt, "‚Ruf der Ruinen' oder Rekonstruktion. Altstadt, Paulskirche und Goethehaus nach den Luftangriffen des Zweiten Weltkriegs," in: Philipp Sturm & Peter Cachola Schmal (eds.), *Die immer Neue Altstadt. Bauen zwischen Dom und Römer seit 1900*, (Frankfurt, 2018), pp. 64-73, here p. 65.
27 Cf. the list of donors for the rebuilding of the Paulskirche, 1948, ISG, S 5/400. Cf. the composition of donations until November 7, 1947, in: Tratnik (see note 14), document 41.
28 Cf. the letter from the provisional direction of the Protestant Church in Frankfurt to Lord Mayor Kolb, September 10, 1946, ISG, Magistratsakten 4.462, f. 4r. and the minutes of the City Council sessions 3.437 (March 10 & 17, 1947).

30 Vgl. die Vereinbarung über den Wiederaufbau und die Nutzung der Paulskirche, 12.5.1948, ISG, Magistratsakten 4.463, f. 3r.-5r. Vgl. Frolinde Balser, *Aus Trümmern zu einem europäischen Zentrum. Geschichte der Stadt Frankfurt am Main 1945-1989* (Veröffentlichungen der Frankfurter Historischen Kommission, Bd. 20), Sigmaringen 1995, S. 166.

31 Siehe zu den Ereignissen am 18.5.1948: *Jahrhundertfeier in der Paulskirche, Frankfurts größter Festtag* und *Erschütterung*, alle in: *Frankfurter Rundschau*, 20.5.1948. Zur Rede Fritz von Unruhs siehe in diesem Band Bernhard Unterholzner, S. 94-103.

32 Otto Bartning, *Ein grundsätzliches Wort zur neuen Paulskirche*, in: *Baukunst und Werkform*, Nr. 3, 1949, S. 101-107, hier S. 104.

29 A final agreement was reached before the ten years were up, in September 1950: The City funded the construction of a new administrative center for the Protestant Church in the Dominikanerkloster and in return had the Paulskirche at its sole disposal.

30 Cf. the agreement on the rebuilding and use of the Paulskirche, May 12, 1948, ISG, Magistratsakten 4.463, f. 3r.-5r. Cf. Frolinde Balser, *Aus Trümmern zu einem europäischen Zentrum. Geschichte der Stadt Frankfurt am Main 1945-1989* (Veröffentlichungen der Frankfurter Historischen Kommission, vol. 20), (Sigmaringen, 1995), p. 166.

31 See on the events of May 18, 1948: "Jahrhundertfeier in der Paulskirche," "Frankfurts größter Festtag" and "Erschütterung," in: *Frankfurter Rundschau*, (May 20, 1948). On Fritz von Unruh's speech see also Bernhard Unterholzner in this book, pp. 94-103.

32 Otto Bartning, "Ein grundsätzliches Wort zur neuen Paulskirche," in: *Baukunst und Werkform*, no. 3, (1949), pp. 101-07, here p. 104.

|09 Planungsgemeinschaft Paulskirche, Entwurf des Saals, ca. 1946 |09 Paulskirche Planning Committee, Hall design, c. 1946

|10

|11

|10|11 Planungsgemeinschaft Paulskirche, Variante des Saals mit Balkonen, Dezember 1946

|10|11 Paulskirche Planning Committee, Version of the hall with balconies, December 1946

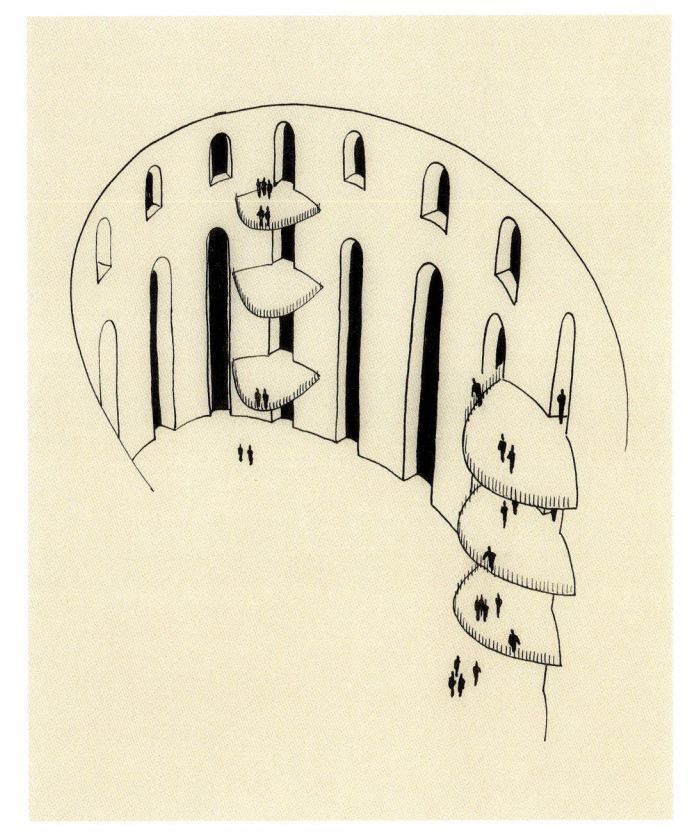

|12 Planungsgemeinschaft Paulskirche, Grundriss des Saals, ca. 1946
|13 Planungsgemeinschaft Paulskirche, Grundriss der Wandelhalle, ca. 1946
|14 Planungsgemeinschaft Paulskirche, Ansicht der Wandelhalle, ca. 1946
|15 Planungsgemeinschaft Paulskirche, Schnitt des Erdgeschosses und Turms, ca. 1946

|12 Paulskirche Planning Committee, Layout of the hall, c. 1946
|13 Paulskirche Planning Committee, Layout of the foyer, c. 1946
|14 Paulskirche Planning Committee, View of the foyer, c. 1946
|15 Paulskirche Planning Committee, Section of the ground floor and tower, c. 1946

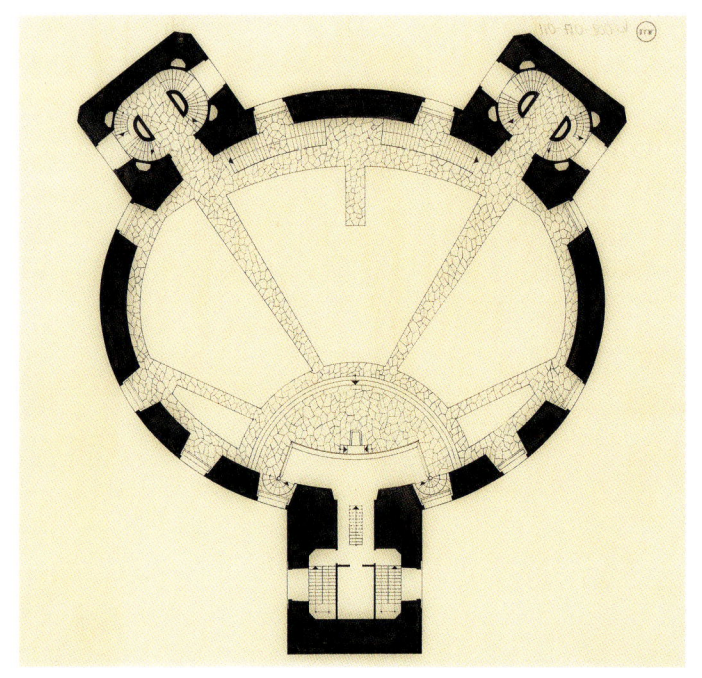

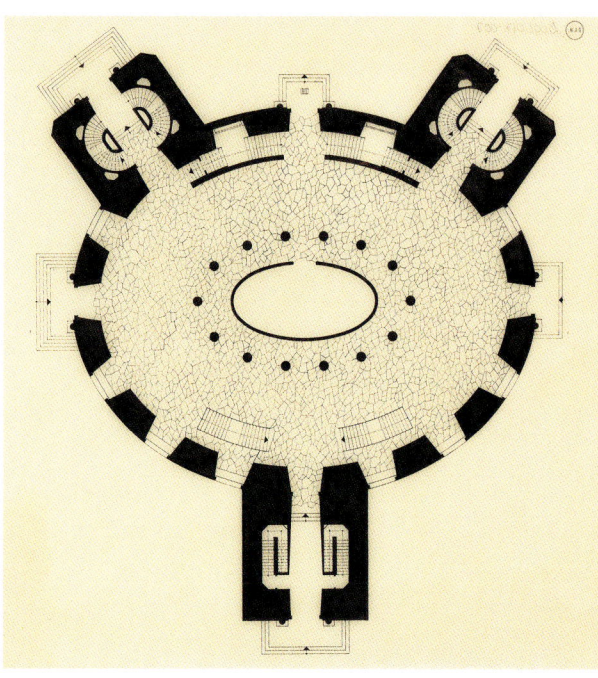

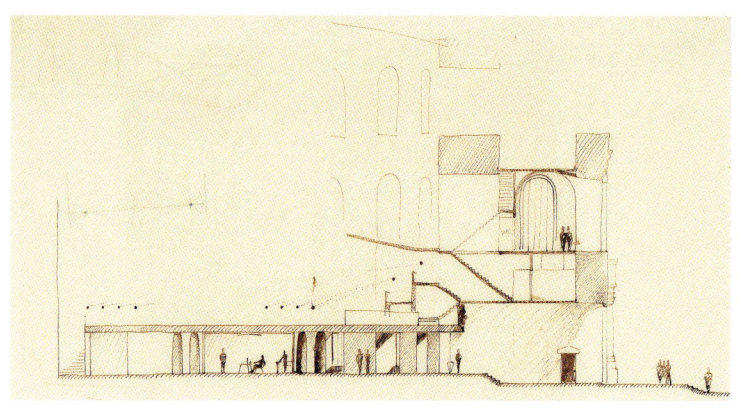

|16 Planungsgemeinschaft Paulskirche, Entwurf des Treppenaufgangs zum Saal, ca. 1946

|16 Paulskirche Planning Committee, Design of the stairway to the hall, c. 1946

EINE VERGESSENE ZEITKAPSEL
DAS PRÄSIDENTENZIMMER UND DIE FENSTER VON KARL KNAPPE
A FORGOTTEN TIME CAPSULE
THE PRESIDENT'S ROOM AND THE WINDOWS BY KARL KNAPPE

Aline Pronnet, Maximilian Liesner, Philipp Sturm

While the Paulskirche was still earmarked as the future seat of the West German parliament, the Bundestag,[1] it required not only a plenary hall but also an additional room – the seat of the later master of the house, the President of the Bundestag. His role, while not hosting the parliamentary sessions, was to be managing the work of the parliament from a prestigious office in the main tower above the hall. With this in mind, the planning committee headed by Rudolf Schwarz developed various interior studies from April 1948 onwards, including works of art – two stained glass windows to be incorporated into the eastern and western niches. |01|02 Their design was initially not specified any further. Upon the opening of the reconstructed Paulskirche in May 1948, the so-called President's Room had not yet been finished[2] – and before it actually could be, such a room had already become obsolete, since Bonn became the capital and the seat of parliament in May 1949.

The windows entitled *Friendship and Peace Among the Youth of Europe*,[3] which were nevertheless incorporated in 1952, were designed in spring 1951 by the Munich artist Karl Knappe[4] (1884–1970). |03|04 In the second half of the year they were produced by the Mayer'sche Hofkunstanstalt in Munich.[5] |05|06

Karl Knappe's Works in Glass

After 1945, Knappe turned his back on glass painting with black stain and began to focus on "building a window using pure glass,"[6] as is the case with his two works for the President's Room. In a letter to the Mayer'sche Hofkunstanstalt, he emphasized the importance of the quality of the glass, particularly in this case, since: "The windows stand on the ground and are by no means pictorial illusions like those in churches, where there can be some cheating up high!"[7] The *Frankfurter Allgemeine Zeitung* newspaper was impressed by these "glass images, in which the composition is made up entirely of colored panes rather than any illusionist painting."[8] The text even waxed lyrical about metaphysical considerations: "You once again feel that glass is not a dead substance and that the spirit is not an abstract concept. Both are brought into balance."[9]

The pictorial motifs are similar to one another. They both show two figures against an insinuated arboreal landscape. In both scenes, a horse plays a central role. In the first window, it is being led by its reins by one of the figures, who thereby continues the long tradition of "horse tamers" – a symbol that demonstrates the strength and the power of humans over nature. In the second, the horse is grazing

Als die Paulskirche noch ihrer Zukunft als Sitz des Deutschen Bundestages harrte,[1] musste neben einem Plenarsaal ein weiterer Raum geschaffen werden – der Sitz des späteren Hausherren, des Bundestagspräsidenten. Wenn dieser nicht die Parlamentssitzungen leitete, sollte er an repräsentativer Stelle im Hauptturm oberhalb des Saals die parlamentarische Arbeit steuern. Die Planungsgemeinschaft um Rudolf Schwarz erarbeitete hierfür ab April 1948 verschiedene Innenraumstudien und sah dabei auch Kunstwerke vor – zwei in die östliche und westliche Raumnische eingepasste Buntglasfenster, die in ihrer Gestaltung vorerst nicht weiter präzisiert wurden. |01|02 Zur Eröffnung der wieder aufgebauten Paulskirche im Mai 1948 war das sogenannte Präsidentenzimmer noch nicht ausgebaut[2] – und noch ehe es dazu kommen konnte, war ein solcher Raum auch schon obsolet. Denn Hauptstadt und Parlamentssitz war im Mai 1949 Bonn geworden.

Die 1952 dennoch eingebauten Fenster stammen vom Münchner Künstler Karl Knappe[3] (1884–1970) und tragen den Titel *Freundschaft und Friede der Jugend Europas*.[4] |03|04 Entworfen hatte er sie im Frühjahr 1951, ausgeführt wurden sie in der zweiten Jahreshälfte von der Mayer'schen Hofkunstanstalt in München.[5] |05|06

Karl Knappes Glasbilder

Knappe verabschiedete sich nach 1945 von der Glasmalerei mit Schwarzlot und konzentrierte sich darauf, „mit dem reinen Glas ein Fenster zu bauen"[6], so auch bei seinen beiden Arbeiten für das Präsidentenzimmer. Er betonte in einem Brief an die Mayer'sche Hofkunstanstalt, wie wichtig die Qualität der Gläser besonders in diesem Fall sei, denn: „Die Fenster stehen am Boden und sind keine Bildtäuschungen wie in Kirchen, wenn hoch oben geschwindelt wird!"[7] Die *Frankfurter Allgemeine Zeitung* zeigte sich beeindruckt von diesen „Glasbilder[n], in denen jenseits aller illusionistischen Malerei die Komposition ganz aus farbigen Scheiben gebaut ist"[8], und ließ sich gar zu metaphysischen Überlegungen hinreißen: „Man spürt wieder, daß die Materie des Glases nicht toter Stoff und daß Geist nicht abstrakter Gedanke ist. Beide sind ins Gleichgewicht gebracht."[9]

Die Bildmotive ähneln einander. Sie zeigen zwei Figuren vor einer angedeuteten Landschaft mit Bäumen. In beiden Szenen spielt ein Pferd eine zentrale Rolle. Im ersten Fenster wird es von einer der Figuren an Zügeln geführt, die sich damit in eine lange Tradition der Rossebändiger einreiht – ein Symbol, das Stärke und die Macht des Menschen über die Natur demonstriert. Im zweiten grast das Pferd frei und ruhig – die beiden Figuren fallen sich vor einer aufgehenden Sonne in die Arme, ja verbinden sich miteinander, was symbolisch für die Situation nach dem Zweiten Weltkrieg steht, als verfeindete Völker langsam wieder Vertrauen aufbauen mussten. Dieses Motiv drückt den Wunsch der Frankfurter aus, der in der Urkunde zur Grundsteinlegung

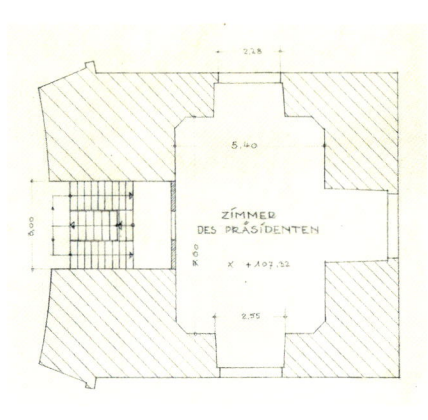

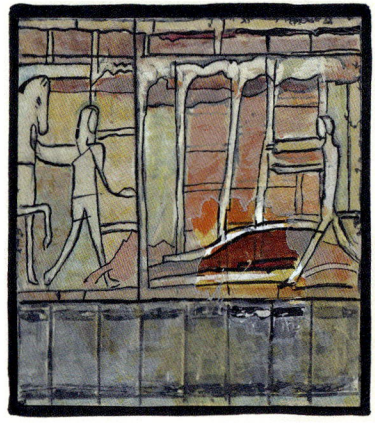

|01

|02

|03

|04

|01 Planungsgemeinschaft Paulskirche, Entwurf für die Einrichtung des Präsidentenzimmers, ca. 1948 |02 Planungsgemeinschaft Paulskirche, Grundriss des Präsidentenzimmers, 1947 |03 |04 Karl Knappe, Entwurfszeichnungen für die Buntglasfenster des Präsidentenzimmers (hinter z. T. beschädigtem Transparentpapier), 1951

|01 Paulskirche Planning Committee, Design for the furnishing of the President's Room, c. 1948 |02 Paulskirche Planning Committee, Layout of the President's Room, 1947 |03 |04 Karl Knappe, Designs for the stained-glass windows of the President's Room (behind partially damaged tracing paper), 1951

|05

|06

|05|06 Ausführung der Entwürfe in der Glaswerkstatt der Mayer'schen Hofkunstanstalt, München, Fotos: 1951

|05|06 The designs are realized in the glass workshop at the Mayer'sche Hofkunstanstalt, Munich, photos: 1951

|07|08 Präsidentenzimmer, Fotos: 2019 |07|08 President's Room, photos: 2019

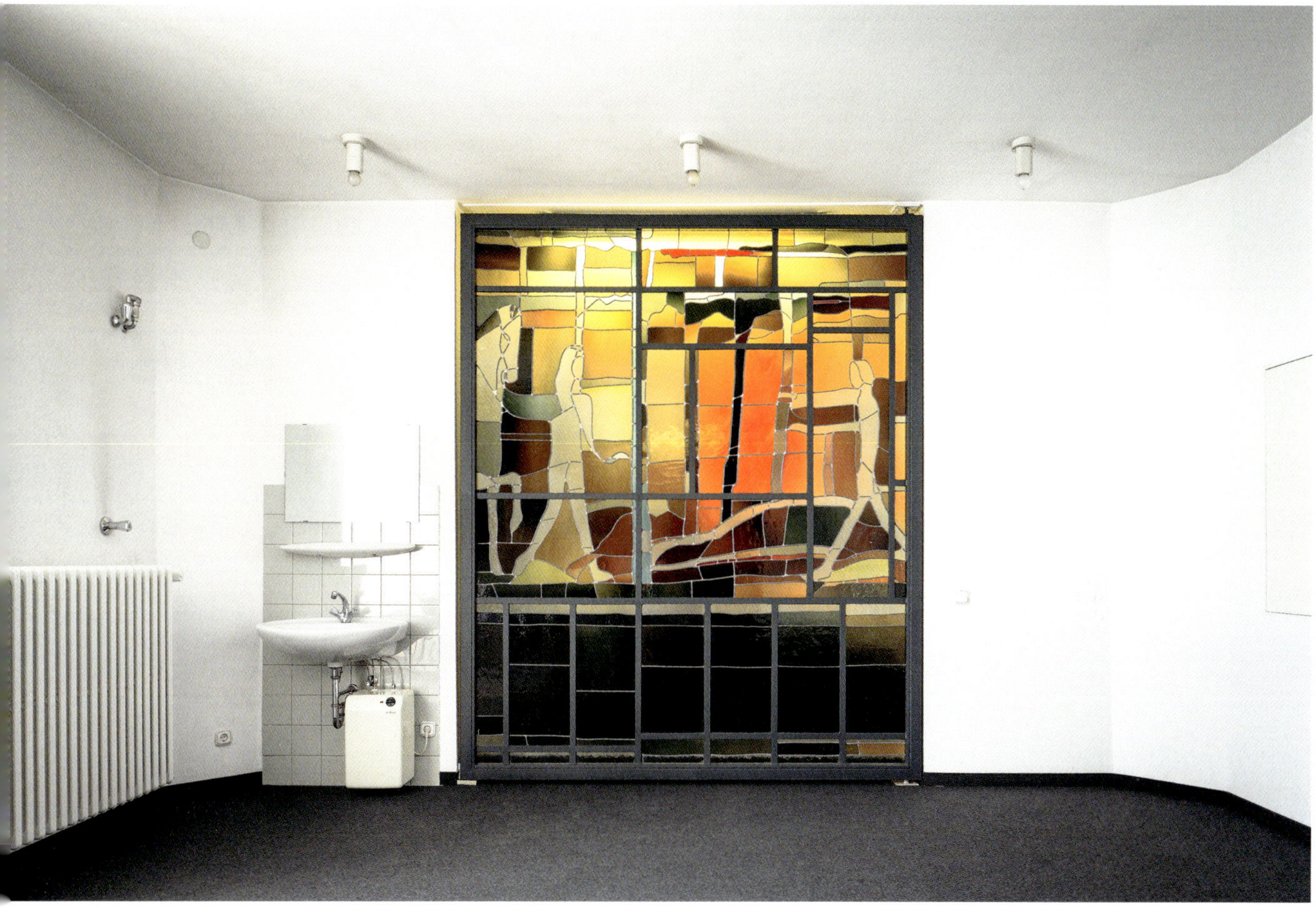

08

für den Wiederaufbau der Paulskirche 1947 formuliert wurde: „Sie wurde zerstört, weil wir die sittlichen Gesetze missachteten. Mögen unsere Nachkommen sich selbst überwinden und über die Grenzen hinaus allen Völkern die Hand in Eintracht reichen."[10] Knappes Fenster geben dieser Hoffnung auf Frieden Ausdruck, wie auch das Ausstattungsprogramm der Paulskirche insgesamt.[11] Der Titel der Werke *Freundschaft und Friede der Jugend Europas* verdeutlicht diesen Entwicklungsschritt im Bild der Versöhnung, als Begleitung und Mahnung.

Das Präsidentenzimmer

Tragischerweise bekam jedoch kaum jemand die Kunstwerke zu Gesicht, da das Präsidentenzimmer nach dem Einbau der Fenster sich selbst überlassen wurde. Als die Planungsgemeinschaft die Paulskirche im Jahr 1960 erneut in den Blick nahm,[12] fand sie das Zimmer „in einem durchaus unwürdigen Zustand"[13]. Die Architekten konstatierten: „In einer lebendigen Paulskirche ist das Präsidentenzimmer unerlässlich"[14] – und schlugen eine Nutzung als Rückzugsraum für Ehrengäste, Vortragende und Künstler vor.[15] Im Gegensatz zur betont nüchternen Gestalt der öffentlichen Bereiche waren sie durchaus bereit, diesem Raum „eine grössere Intimität und Wohnlichkeit"[16] zuzugestehen.

Schon seit Mitte der sechziger Jahre allerdings machen es sich die VIPs im Kern der Wandelhalle gemütlich,[17] der 1960 noch als Besprechungsraum im Rahmen von Kongressen angedacht war.[18] So wurde das Präsidentenzimmer mehr und mehr zur Garderobe degradiert, in der sich die Künstler vor ihrem Auftritt gerade so lange wie nötig aufhielten. Offenbar bestand kein Interesse mehr an einer weiteren Ausgestaltung; lediglich provisorisch wurde das Nötigste ergänzt – ein paar Sitzmöbel, ein Kleiderständer, ein Telefon und eine Nasszelle, die auf skurrile Weise die Kunst rahmen. |07|08 Der ursprünglich geplante Repräsentativraum für den Bundestagspräsidenten verkam zum Backstage-Bereich mit gläsernen Pferden.

freely and peacefully; the two figures fall into each other's arms in front of a rising sun – a symbolic representation of the situation after World War II, as enemies had to gradually rebuild trust. This motif expresses the wish of the people of Frankfurt, which was formulated in the deed for the laying of the foundation stone for the Paulskirche's rebuilding in 1947: "It was destroyed because we flouted the moral laws. May our descendants seize the opportunity to grow beyond themselves and extend the hand of peace to all peoples beyond our borders."[10] Knappe's windows give expression to this hope for peace, as does the décor for the Paulskirche as a whole.[11] The title of the work *Friendship and Peace Among the Youth of Europe* emphasizes this step forward in the image of reconciliation, by way of guidance and warning.

The President's Room

Tragically, however, almost no one has seen the works of art because the President's Room was abandoned after the windows had been fitted. When the planning committee turned their attentions to the Paulskirche once again in 1960,[12] the room was found to be "in a thoroughly deplorable state."[13] The architects noted: "The President's Room is an essential part of a vibrant Paulskirche"[14] – and proposed that it be used as a quiet space for honored guests, speakers and artists.[15] In contrast to the markedly stark design of the public areas, this room, they agreed, could be given "greater intimacy and homeliness."[16]

Nevertheless, since the mid-1960s VIPs have been making themselves comfortable in the core of the foyer,[17] which in 1960 was still intended as a meeting room during conferences.[18] Hence, the President's Room was demoted more and more to a dressing room, in which artists lingered only as long as necessary before making their appearances. Apparently, there was no longer any interest in further reorganization; only the very essentials have been added on a provisional basis – a few chairs, a coat stand, a telephone and a washbasin, framing the art in a rather bizarre way. |07|08 The prestigious room originally planned for the President of the Bundestag became nothing more than a backstage area complete with glass horses.

1. Siehe in diesem Band Bernhard Unterholzner, S. 94–103.
2. Vgl. Planungsgemeinschaft Paulskirche (Rudolf Schwarz / Johannes Krahn / Gottlob Schaupp / Eugen Blanck), *Denkschrift zur Fortsetzung des Wiederaufbaus der Paulskirche*, 1960, S. 7, ISG, Nachlass Eugen Blanck, S1-177/22.
3. Knappe arbeitete in den Folgejahren noch mehrmals mit Schwarz zusammen, nämlich bei St. Michael, Frankfurt am Main (1952–56), St. Gertrud, Aschaffenburg (1956–60) und St. Pius, Obertshausen (1958–62). Vgl. Hilde Strohl, *Werkverzeichnis Rudolf Schwarz*, in: Wolfgang Pehnt / Hilde Strohl (Hg.), *Rudolf Schwarz. Architekt einer anderen Moderne*, Ostfildern-Ruit 1997, S. 227-298.
4. Vgl. *Aus dem Lebenswerk von Karl Knappe. Berichte, Briefe, Bilddokumentation*, in: *Das Münster*, Nr. 4, 1970, S. 244–262, hier S. 261.
5. Vgl. Marianne Mayer, *Chronik der Franz Mayer'sche Hofkunstanstalt. Beginnend mit ihrer Zerstörung 1944 und ihrem Wiederaufbau nach Kriegsende (Chronik MHK I)*. In der Chronik sind die Zeichnungen betitelt mit: „Knappe's Entwurf für die Paulskirche, Frankfurt - Thema des Wettbewerbs: Freundschaft der Jugend Europas". Dieser vorausgegangene Wettbewerb wird im Rahmen der laufenden Dissertation von Aline Pronnet analysiert werden.
6. Karl Knappe, Brief an Hugo Schnell, 18.9.1964, in: *Aus dem Lebenswerk von Karl Knappe* (wie Anm. 4), S. 250.
7. Karl Knappe, Brief an Adalbert Mayer, 22.5.1951, in: Mayer (wie Anm. 5).
8. *Wilhelm Geyer. Ein Maler des Religiösen* [mit einem Absatz zu Knappes Fenstern in der Paulskirche], in: *Frankfurter Allgemeine Zeitung*, 23.1.1952.
9. Ebenda.
10. Reproduktion der von Walter Kolb und Joseph Auth unterzeichneten Urkunde, in: Stadtkanzlei Frankfurt am Main (Hg.), *1848/1948. Paulskirchen-Denkschrift*, Frankfurt 1948, S. 9.
11. Vgl. Evelyn Hils-Brockhoff, *Kunst für die Demokratie. 150 Jahre künstlerische Ausgestaltung der Paulskirche*, in: Kurt Wettengl (Hg.), *Das Gedächtnis der Kunst. Geschichte und Erinnerung in der Kunst der Gegenwart* (Ausst.-Kat. Historisches Museum, Schirn-Kunsthalle, Paulskirche, Frankfurt), Ostfildern-Ruit 2000, S. 211-220, hier S. 213.
12. Siehe in diesem Band Annette Krapp, S. 76–93, und Bernhard Unterholzner, S. 94–103.
13. Planungsgemeinschaft (wie Anm. 2), S. 7.
14. Ebenda.
15. Vgl. ebenda.
16. Ebenda.
17. *Deutschlands Fahnen dämpfen den Schall*, in: *Frankfurter Allgemeine Zeitung*, 24.9.1966.
18. Vgl. Planungsgemeinschaft (wie Anm. 2), S. 6.

---

1. See also Bernhard Unterholzner in this book, pp. 94–103.
2. Cf. Planungsgemeinschaft Paulskirche (Rudolf Schwarz, Johannes Krahn, Gottlob Schaupp & Eugen Blanck), *Denkschrift zur Fortsetzung des Wiederaufbaus der Paulskirche*, 1960, p. 7, ISG, Estate of Eugen Blanck, S1-177/22.
3. Cf. *Aus dem Lebenswerk von Karl Knappe. Berichte, Briefe, Bilddokumentation*, in: *Das Münster*, no. 4, (1970), pp. 244-62, here p. 261.
4. Knappe continued collaborating with Schwarz in the following years, namely on the projects St. Michael, Frankfurt/Main (1952-56), St. Gertrud, Aschaffenburg (1956-60) and St. Pius, Obertshausen (1958-62). See Hilde Strohl, "Werkverzeichnis Rudolf Schwarz," in: Wolfgang Pehnt & Hilde Strohl (eds.), *Rudolf Schwarz. Architekt einer anderen Moderne*, (Ostfildern-Ruit, 1997), pp. 227-98.
5. Cf. Marianne Mayer, *Chronik der Franz Mayer'sche Hofkunstanstalt. Beginnend mit ihrer Zerstörung 1944 und ihrem Wiederaufbau nach Kriegsende (Chronik MHK I)*. In the chronicle, the drawings are labeled: "Knappe's design for the Paulskirche, Frankfurt - theme of the competition: Friendship among the youth of Europe." This preceding competition is being analyzed as part of the ongoing dissertation by Aline Pronnet.
6. Karl Knappe, letter to Hugo Schnell, September 18, 1964, in: *Aus dem Lebenswerk von Karl Knappe* (see note 3), p. 250.
7. Karl Knappe, letter to Adalbert Mayer, May 22, 1951, in: Mayer (see note 5).
8. "Wilhelm Geyer. Ein Maler des Religiösen" [with a paragraph on Knappe's picture windows in the Paulskirche], in: *Frankfurter Allgemeine Zeitung*, (January 23, 1952).
9. Ibid.
10. Reproduction of the deed signed by Walter Kolb and Joseph Auth, in: Stadtkanzlei Frankfurt am Main (ed.), *1848/1948. Paulskirchen-Denkschrift*, (Frankfurt, 1948), p. 9.
11. Cf. Evelyn Hils-Brockhoff, "Kunst für die Demokratie. 150 Jahre künstlerische Ausgestaltung der Paulskirche," in: Kurt Wettengl (ed.), *Das Gedächtnis der Kunst. Geschichte und Erinnerung in der Kunst der Gegenwart* (exh. cat. Historisches Museum, Schirn-Kunsthalle, Paulskirche, Frankfurt), (Ostfildern-Ruit, 2000), pp. 211-20, here p. 213.
12. See also in this book: Annette Krapp, pp. 76-93, and Bernhard Unterholzner, pp. 94–103.
13. Planungsgemeinschaft (see note 2), p. 7.
14. Ibid.
15. Cf. ibid.
16. Ibid.
17. "Deutschlands Fahnen dämpfen den Schall," in: *Frankfurter Allgemeine Zeitung*, (September 24, 1966).
18. Cf. Planungsgemeinschaft (see note 2), p. 6.

EINE FRAGE DER WÜRDE?
DIE UMBAUTEN DER SECHZIGER BIS ACHTZIGER JAHRE
A QUESTION OF DIGNITY?
CONVERSION WORKS FROM THE 1960S TO THE 1980S

Annette Krapp

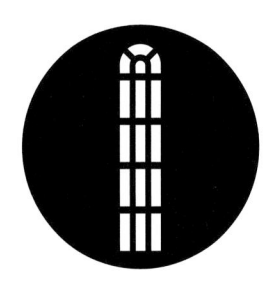

Nostalgia remained among the advocates of the historical reconstruction of the Paulskirche. They claimed that the post-war building, whose modern formal vocabulary does not erase the fact that the Third Reich and the devastation of the bombing raids are part and parcel of German history, was undignified in appearance.[1] When ideas started to be floated on the restoration and partial reconstruction of the building, the members of the planning committee brought their copyrights to bear in a treatise.[2] They "had come to the shared conviction that their original plans were correct"[3] and that there was no reason "to describe the building as unworthy and no possibility of making it more dignified."[4] They defended their monumental hall against its Classicist predecessor that spoiled this large entity "by adding pathetic details and resorting to a bland smoothness in the finishing."[5] They also pointed to the neglected state and that, owing to the decision in 1949 that Bonn would be the new capital, "the building work was suddenly and unexpectedly discontinued. [...] Parts of the edifice were used as storerooms; others remained in a makeshift state."[6]

The Planning Committee's Treatise of 1960

In their treatise, the architects specified concrete measures in order to complete the Paulskirche in line with their ideas. What they recommended as especially pressing was that the windows be designed by artists who "possess the requisite modesty to ensure their work remains in the background and does not seek to become the focus of attention. The building must lose none of its inexorable clear logic."[7] The authors felt that colors were only possible in a "subtle interplay,"[8] and most certainly not in the glazing. By contrast, they believed that the artwork on the outer wall of the core oval of the foyer could definitely be colored. After the rebuilding, a competition had been held for the same, which had been won by Ulm-based artist Wilhelm Geyer for a proposed figurative painting. Since that time the architects preferred the idea of a mosaic, for reasons of maintenance and presumably also because it was fashionable.[9] Moreover, they complained about the faulty execution of the hall's ceiling, where the wooden struts and insulating panels needed to be renewed.[10] Alongside these three main aspects they also outlined other tasks such as improving the acoustics and replacing the temporary organ.[11]

Under the direction of Johannes Krahn (Rudolf Schwarz had died in 1961) some of these tasks were performed a few years later, with work completed in September 1966. The results

Bei den Befürwortern der historischen Rekonstruktion der Paulskirche blieb Wehmut zurück. Dem Nachkriegsbau, dessen moderne Formensprache nicht vergessen lässt, dass auch das „Dritte Reich" und die Kriegszerstörungen zur deutschen Geschichte gehören, wurde eine unwürdige Erscheinung vorgeworfen.[1] Als Überlegungen für eine Sanierung und teilweise Rekonstruktion laut wurden, machten die Mitglieder der Planungsgemeinschaft in einer Denkschrift ihr Urheberrecht geltend.[2] Sie waren „zu der gemeinsamen Überzeugung gekommen, dass ihre damaligen Pläne richtig waren"[3] und dass es keinen Grund gebe, „den Bau als unwürdig zu bezeichnen, und keine Möglichkeit, ihn würdiger zu machen."[4] Ihren monumentalen Innenraum verteidigten sie gegen die klassizistische Vorgängerversion, die diese Großform „durch die Hinzufügung armseliger Details und die seelenlose Glätte der Materialbearbeitung [verdarb.]"[5] Sie verwiesen aber auch auf den ungepflegten Zustand und darauf, dass durch die Entscheidung für Bonn als Bundeshauptstadt 1949 „der Bau plötzlich und unvermittelt unterbrochen [wurde]. [...] Teile des Bauwerks wurden als Abstellkammer verwendet; andere blieben in einem behelfsmäßigen Zustand."[6]

Die Denkschrift der Planungsgemeinschaft von 1960

Um die Paulskirche doch noch nach ihren Vorstellungen fertigzustellen, benannten die Architekten in ihrer Denkschrift konkrete Maßnahmen. Als besonders drängend empfanden sie die Gestaltung der Fenster durch Künstler, die „die nötige Bescheidenheit besitzen, ihr Werk als Hintergrund zu verhalten und es nicht zur Hauptsache zu machen. Dem Bau darf nichts von seiner unerbittlich klaren Logik genommen werden."[7] Farbigkeit kam für sie nur als „zarte[s] Farbspiel"[8] infrage, keinesfalls bei der Verglasung. Durchaus farbig konnten sie sich dagegen das Kunstwerk an der Außenwand des Kernovals der Wandelhalle vorstellen. Nach dem Wiederaufbau hatte hierfür ein Wettbewerb stattgefunden, den der Ulmer Künstler Wilhelm Geyer mit einer figürlichen Malerei gewonnen hatte. Inzwischen bevorzugten die Architekten aus restauratorischen und wohl auch modischen Gründen ein Mosaik.[9] Darüber hinaus beklagten sie die mangelhafte Ausführung der Saaldecke, deren Holzstreben und Dämmplatten erneuert werden mussten.[10] Neben diesen drei Hauptaspekten nannten sie noch weitere Aufgaben wie die Verbesserung der Akustik oder den Ersatz der behelfsmäßigen Orgel.[11]

Unter der Leitung von Johannes Krahn – Rudolf Schwarz war 1961 verstorben – wurden einige dieser Arbeiten wenige Jahre später umgesetzt und im September 1966 abgeschlossen. Am deutlichsten sichtbar waren die Ergebnisse an den neuen Fenstern. Die künstlerischen Bleiverglasungen konnten aus Kostengründen auch diesmal nicht realisiert werden. Stattdessen wurde das Rohglas des

|01 Paulskirche mit Mattglasfenstern, Foto: ca. 1986 |01 Paulskirche with frosted glass windows, photo: c. 1986

were most visible when it came to the new windows. The artistic lead glazing was once again not realized owing to the cost involved. Instead, the raw glass used in the rebuilding was replaced by large panes of frosted glass sub-divided by only a few crosspieces. |01|02 The *Frankfurter Allgemeine Zeitung* newspaper wrote that the new windows "really do seem warmer on the inside,"[12] but on the outside were "ugly and dull."[13] The lobby was given a fresh look with white roughcast, new lighting and display cases in the window niches; the central core room was fitted out to host speakers and guests of honor. In the plenary hall itself, a new coat of paint on the walls and the seating improved the overall impression. Banners for each of the federal German states hung from the walls were intended to create a ceremonial backdrop for events and at the same time enhance the poor acoustics. Moreover, the building's dignified appearance was restored by means of a thorough cleaning.[14]

The Controversy of the 1980s

About 15 years after this rather cosmetic renovation work, the Paulskirche had to be adapted to bring it into line with the requirements of the day as regards events technology and the tighter security standards that resulted among other things from the extreme left-wing terrorist attacks of fall 1977. This prompted Lord Mayor Walter Wallmann, following the reconstruction of the eastern side of the Römerberg, to opt for a reconstruction of the historical Paulskirche. He formulated the intention quite unequivocally: "Now that more time has elapsed it is easier for us to rediscover all of German history and therefore, across the abyss of the more recent past, those epochs and events that can fill us with pride."[15] The preliminary planning was assigned to Klaus Wever,[16] a Berlin-based expert for event buildings, who published his findings for internal use in October 1980,[17] before the City then made them public in summer 1982.[18] Alongside the technical measures, Wever also advocated restoring the historical windows' glazing bars and the original steep roof.[19] The idea was for the dome to be given a profiled ceiling pattern and in this way convey "the impression of the historical fabric alongside preserving the Spartan style of the rebuilt spatial form."[20] Wever advised against reconstructing the historical gallery ring, although he would himself have liked to see it. His goal was "carefully and gradually to move the building back to its advantageous historical forms and designs."[21] For example, he wanted to replace the long strings of lights

Wiederaufbaus durch großflächiges Mattglas ersetzt, das nur durch vereinzelte Querstreben gegliedert war. |01|02 Die *Frankfurter Allgemeine Zeitung* schrieb, dass die neuen Fenster „innen wirklich wärmer wirken"[12], außen aber „häßlich und blind"[13] seien. Die Wandelhalle war mit weißem Rauputz, neuer Beleuchtung und Vitrinen in den Fensternischen aufgefrischt, für Redner und Ehrengäste war der mittige Kernraum hergerichtet worden. Im Plenarsaal sorgte ein neuer Anstrich der Wände und des Gestühls für einen besseren Gesamteindruck. An den Wänden aufgehängte Fahnen der Bundesländer sollten den Veranstaltungen einen feierlichen Rahmen geben und gleichzeitig die mangelhafte Akustik verbessern. Zudem wurde dem Gebäude durch eine gründliche Reinigung seine Würde zurückgegeben.[14]

Die Kontroverse der achtziger Jahre

Etwa 15 Jahre nach dieser eher kosmetischen Renovierung musste die Paulskirche den zeitgemäßen Anforderungen an Veranstaltungstechnik und den verschärften Sicherheitsstandards, die sich unter anderem aus dem Deutschen Herbst 1977 ergaben, angepasst werden. Dies veranlasste Oberbürgermeister Walter Wallmann, nach der Rekonstruktion der Römerberg-Ostzeile auch eine Rekonstruktion der historischen Paulskirche anzustreben. Er formulierte sehr deutlich: „Uns fällt es heute mit mehr Abstand leichter, die ganze deutsche Geschichte und damit auch – über den Abgrund der jüngeren Vergangenheit hinweg – jene Epochen und Ereignisse wiederzuentdecken, die uns mit Stolz erfüllen können."[15] Mit der Vorplanung war der Berliner Experte für Versammlungsbauten Klaus Wever[16] beauftragt worden, der seine Ergebnisse im Oktober 1980 intern vorstellte,[17] bevor die Stadt sie im Sommer 1982 öffentlich machte.[18] Neben den technischen Maßnahmen plädierte Wever dafür, die historische Sprossenteilung der Fenster und das ursprüngliche Steildach wieder herzustellen.[19] Im Festsaal sollte die Kuppel mit einem profilierten Deckenspiegel in Erscheinung treten und so „der Eindruck der historischen Gestalt gewissermaßen neben der Erhaltung der spartanischen Handschrift der wieder aufgebauten Raumform"[20] vermittelt werden. Von der Rekonstruktion des historischen Emporenkranzes riet Wever vorläufig ab, obwohl er diesen selbst gern gesehen hätte. Es war sein Ziel, „den Bau sorgfältig und sukzessiv an seine vorteilhaften historischen Formen und Gestaltungen wieder heranzuführen."[21] So wollte er zum Beispiel auch die langen Leuchtstränge durch einen riesigen Radleuchter im Stil frühchristlicher und byzantinischer Kirchen ersetzen.[22]

Nachdem Maria Schwarz, die Witwe von Rudolf Schwarz, von diesen Vorschlägen erfahren hatte, nutzte sie alle nur erdenklichen Kontakte, um für den Erhalt der wieder aufgebauten Paulskirche zu kämpfen. Auch die drei weiteren Mitglieder der Planungsgemeinschaft, Krahn, Schaupp und Blanck, waren inzwischen verstorben. An Nikolaus Rosiny,

|02 Innenansicht des Saals mit Mattglasfenstern, Foto: 1967 |02 Interior view of the hall with frosted glass windows, photo: 1967

einen der Schüler ihres Mannes und Präsidiumsmitglied des Bundes Deutscher Architekten (BDA), schrieb Maria Schwarz: „Vielleicht ist die Nennung ‚Architektur wider die Gewalt und Lüge' [...] der Schlüssel in unserer Zeit von ‚Versicherung im Nostalgiegewand' zum Erkennen dessen, was man gedankenlos beseitigen will. Wenn Du einen Weg siehst [...] Dich in das Gespräch einzuschalten – tu es bitte und bald... Ich aber schüre die Glut, hoffend, einen Flächenbrand zu erzeugen."[23] Der Flächenbrand entstand. Mehr als zwei Jahre lang wurde über den Umgang mit der Paulskirche öffentlich diskutiert. Der BDA verfasste eine Resolution gegen die Planungen, die Frankfurter Architekten Luise King und D.W. Dreysse mobilisierten die Architektur-Fachbereiche der bundesdeutschen Hochschulen. An Schwarz' Seite kämpften außerdem unter anderen Günter Bock, Leiter der Architekturklasse der Frankfurter Städelschule und ehemaliger Mitarbeiter Johannes Krahns, sowie Karl Wimmenauer, Professor an der Kunstakademie Düsseldorf und zuvor Mitarbeiter der Planungsgemeinschaft als Schüler von Rudolf Schwarz.[24]

Das Hochbauamt der Stadt Frankfurt suchte einen ungewöhnlichen Weg aus dem Dilemma. Maria Schwarz und Klaus Wever sollten in sogenannten „Werkstattgesprächen" gemeinsam die bestmögliche Lösung für die Sanierung der Paulskirche erörtern. Im Herbst 1984 folgte eine Reihe von Terminen, die beide abwechselnd protokollierten und dabei um die Deutungshoheit rangen.[25] Schwarz argumentierte eher künstlerisch und griff oftmals auf Äußerungen ihres Mannes zurück. Sie verhalte sich, kritisierte die *Frankfurter Allgemeine Zeitung* später, wie „die Verwalterin des Mythos Rudolf Schwarz, die Zeugin dafür, was er zu Lebzeiten dachte und was er heute denken würde."[26] Wever hingegen hatte vordergründig eher die Gebäudetechnik im Blick, jedoch nicht ohne Seitenhiebe auf Rudolf Schwarz auszuteilen, wenn er ihm zum Beispiel vorwarf, „ohne Bedenken das Hauptmerkmal des Paulskirchenraumes, die umlaufende Galerie,"[27] entfernt zu haben – oder behauptete: „Das Grundkonzept des Schwarzen [sic] Wiederaufbaus der Paulskirche steht deren Benutzbarkeit im Wege [...] Es ist die Aufgabe [der] Demokratie die Gesellschaft zusammenzuführen [...] Das ist absolut unmöglich mit einer Gewaltsamkeit, Erschrecken, Entsetzen ausstrahlenden [...] Raumgestalt."[28] Als Schwarz und Wever schließlich eine Liste über Konsens und Dissens erstellten, konnten sie sich in vielen Punkten tatsächlich einigen. Unüberwindbar aber blieben ihre unterschiedlichen Auffassungen in Bezug auf die Decke und das Dach, die Schwarz in der wiederaufgebauten Form behutsam instand setzen und Wever durch ein Mansarddach, ähnlich der historischen Lösung, ersetzen wollte.[29] So hielten sie als Ergebnis der Gespräche fest, sie würden die jeweils andere Position zwar anerkennen, könnten aber kein Einvernehmen erzielen.[30]

with a huge wheel-shaped chandelier in the tradition of Early Christian and Byzantine churches.[22]

When Maria Schwarz, the widow of Rudolf Schwarz, learned of these proposals, she addressed her network to set everything conceivable in motion to preserve the rebuilt Paulskirche. The three other members of the planning committee, Krahn, Schaupp and Blanck, had meanwhile all passed away, too. Maria Schwarz wrote to Nikolaus Rosiny, one of her husband's students and a member of the Presiding Council of BDA, the Association of German Architects: "Perhaps the mention of 'architecture against violence and mendacity' [...] is the key in today's age of 'certainty in the guise of nostalgia' to recognizing what one thoughtlessly attempts to eliminate. If you see some way [...] of taking part in the conversation, then please do so, and soon... I am busy stirring the embers in the hope that I can whip up a wildfire."[23] The wildfire did indeed spread. A public debate raged for more than two years on how the Paulskirche should be treated. The BDA passed a resolution against the plans, Frankfurt-based architects Luise King and D.W. Dreysse mustered support from the architecture departments at West German colleges and universities. Siding with Schwarz were, among others, also Günter Bock, Director of the architecture class at Frankfurt's Städelschule and a former member of Johannes Krahn's staff, and Karl Wimmenauer, Professor at the Kunstakademie Düsseldorf and previously a member of the planning committee while a student of Rudolf Schwarz.[24]

The Frankfurt City Building Department tried an unusual way out of the dilemma. It proposed hosting so-called "workshop discussions" where Maria Schwarz and Klaus Wever would together discuss the best-possible solution for the renovation of the Paulskirche. In fall 1984, a series of dates followed which the two summarized alternately and thereby struggled to gain the upper hand in what should be done.[25] Schwarz opted for a more artistic line of argument and often resorted to statements her husband had made. Later the *Frankfurter Allgemeine Zeitung* noted critically that she behaved as if "she were managing the myth of Rudolf Schwarz, were the witness for what he thought while he was still alive and what he would think today."[26] Wever, by contrast, tended at first sight to focus on the facilities technology, albeit not without regularly having a dig at Rudolf Schwarz, accusing him, for example, of "having had no reservations" about removing "the main characteristic feature of the Paulskirche interior, the gallery that wrapped round it."[27]

He even claimed that "[t]he concept underlying Schwarz's rebuilding of the Paulskirche actually opposes its use [...] The task of democracy is to bring society together [...] That is absolutely impossible if the space has a shape that exudes violence, horror, dismay [...]."[28] When Schwarz and Wever eventually drew up a list of what they could and could not agree on, they did actually concur on many items. However, their different views as regards the ceiling and the roof remained an unbridgeable gap; Schwarz wanted them cautiously repaired in the form that had been rebuilt, while Wever wanted a mansard roof instead, similar to the historical solution.[29] The outcome of the talks was that each recognized the other's respective position but no consensus could be reached.[30]

The Renovation from 1986 to 1988

Nevertheless, Schwarz and Wever were commissioned together. The City had resolved to preserve the post-war state of the building. Maria Schwarz was awarded the artistic direction of the hall and the foyer, Klaus Wever was put in charge of the facilities technology and the other rooms.[31] The official documentation commemorating the reopening of the renovated Paulskirche in 1988 wasted no breath on the disputes within this unusual working party and presented the outcome as a joint "completion of the agenda outlined in 1948."[32] |03
The outside of the building remained unchanged. Inside, the hall ceiling was replaced with a largely similar structure that was, however, fireproof – so Maria Schwarz had won out on this point. The contract for the new windows went to Wilhelm Buschulte |05, who had emerged the winner in a competition in 1986. |04 The walls were equipped with a seven-centimeter-thick, white acoustic plaster. The acoustics were further improved by two sets of suspended loudspeakers made to emulate the style of the lighting strings. The seating was upholstered and given a makeover and the banners were rewoven. Instead of the temporary organ installed in the immediate post-war period, a concert organ was now brought in, complete with a front designed by Maria Schwarz. p. 145, |24 The core room at the heart of the foyer was redecorated and henceforth called the "VIP Room." |20 The competition for a design for its wraparound outer wall was won in 1987 by Johannes Grützke. His *Procession of the Representatives* has decorated it since 1991.[33] While the technical additions to the hall were as good as invisible (for example, an elevator replaced a staircase in the northwest tower),

Die Sanierung 1986 bis 1988

Beauftragt wurden Schwarz und Wever trotzdem gemeinsam. Die Stadt hatte sich entschlossen, den Zustand des Wiederaufbaus zu erhalten. Maria Schwarz wurde die künstlerische Leitung für den großen Saal und die Wandelhalle übertragen, Klaus Wever zeichnete für die Technik und die übrigen Räume verantwortlich.[31] Die Festschrift zur Wiedereröffnung der sanierten Paulskirche im Jahr 1988 verlor über die Zwistigkeiten innerhalb dieser ungewöhnlichen Arbeitsgemeinschaft kein Wort und stellte das Ergebnis als einvernehmliche „Vollendung des Programms von 1948"[32] dar. |03
Das Äußere des Baus blieb unverändert. Im Inneren wurde die Saaldecke durch eine weitgehend ähnliche, aber feuersichere Konstruktion ersetzt – Maria Schwarz hatte sich also durchgesetzt. Den Auftrag für die neuen Fenster erhielt Wilhelm Buschulte |05, der aus einem Wettbewerb 1986 als Sieger hervorgegangen war. |04 Die Wände wurden mit einem sieben Zentimeter dicken, weiß gestrichenen Akustikputz versehen. Zwei Gehänge aus Lautsprechern, dem Stil der Leuchtketten angepasst, verbesserten die Akustik weiter. Das Gestühl wurde aufgearbeitet und gepolstert; die Fahnen neu gewebt. Anstelle der provisorischen Orgel aus der Nachkriegszeit gab es jetzt eine Konzertorgel mit einem von Maria Schwarz entworfenen Prospekt. S. 145, |24 Der Kernraum der Wandelhalle wurde neu eingerichtet und VIP-Raum genannt. |20 Den Wettbewerb für die Gestaltung der Außenwand hatte 1987 Johannes Grützke für sich entschieden. Sein *Zug der Volksvertreter* schmückt sie seit 1991.[33] Während die technischen Ergänzungen im Saal kaum sichtbar waren – beispielsweise ersetzte ein Aufzug eine Treppe im Nordwest-Turm –, wurde das Kellergeschoss vollkommen umgebaut und mit neuer Technik bestückt. Die Kosten von mehr als 23 Millionen Mark hatte zu großen Teilen die Stadt Frankfurt zu tragen, da der Bund, anders als vorgesehen, keinen Zuschuss leistete und ein Spendenaufruf nur 2,1 Millionen Mark einbrachte.[34]

Vorschläge für den Paulsplatz

Die Diskussionen um die Gestalt der Paulskirche bezogen immer auch ihre Umgebung ein. Hatte man für die Paulskirche mit dem zügigen Wiederaufbau nach dem Krieg Fakten geschaffen, ist es bis heute nicht gelungen, dem Bau einen angemessenen städtebaulichen Rahmen zu geben. |07 Durch Kriegszerstörung und den Durchbruch der Berliner Straße an der Nordseite ist der Platz für die Paulskirche heute überdimensioniert. Schon in der Denkschrift der Planungsgemeinschaft von 1960 findet sich die Feststellung, „dass die städtebauliche Einordnung der Kirche verfehlt und verdorben ist. Sie war früher zum größten Teil in umgebende Bauwerke eingeborgen, die ihr Rahmung und Maßstab gaben. Jetzt steht sie einsam auf einem großen Platz wie der

|03 Blick von der Orgelbühne in den Saal, Zustand seit der 1988 abgeschlossenen Sanierung, Foto: 2019

|03 View from the organ loft into the hall, state since the renovation work completed in 1988, photo: 2019

|04 Entwürfe zum Wettbewerb „Fenster der Paulskirche," 1986: Maria Katzgrau, Aachen (1521), Karl-Martin Hartmann, Wiesbaden (1522, 2. Preis), Paul Weigmann, Leverkusen (1523), Wilhelm Buschulte, Unna (1524, 1. Preis), Hubert Spierling, Krefeld (1525, 3. Preis), Jochem Poensgen, Düsseldorf (1526, 3. Preis), Hans Gottfried von Stockhausen, Buoch (1527), Margarethe Keith-Grell, Oberursel (1528), Peter Albert, Dresden (1529)

|04 Designs for the competition "The Paulskirche Windows," 1986: Maria Katzgrau, Aachen (1521), Karl-Martin Hartmann, Wiesbaden (1522, second prize), Paul Weigmann, Leverkusen (1523), Wilhelm Buschulte, Unna (1524, first prize), Hubert Spierling, Krefeld (1525, third prize), Jochem Poensgen, Düsseldorf (1526, third prize), Hans Gottfried von Stockhausen, Buoch (1527), Margarethe Keith-Grell, Oberursel (1528), Peter Albert, Dresden (1529)

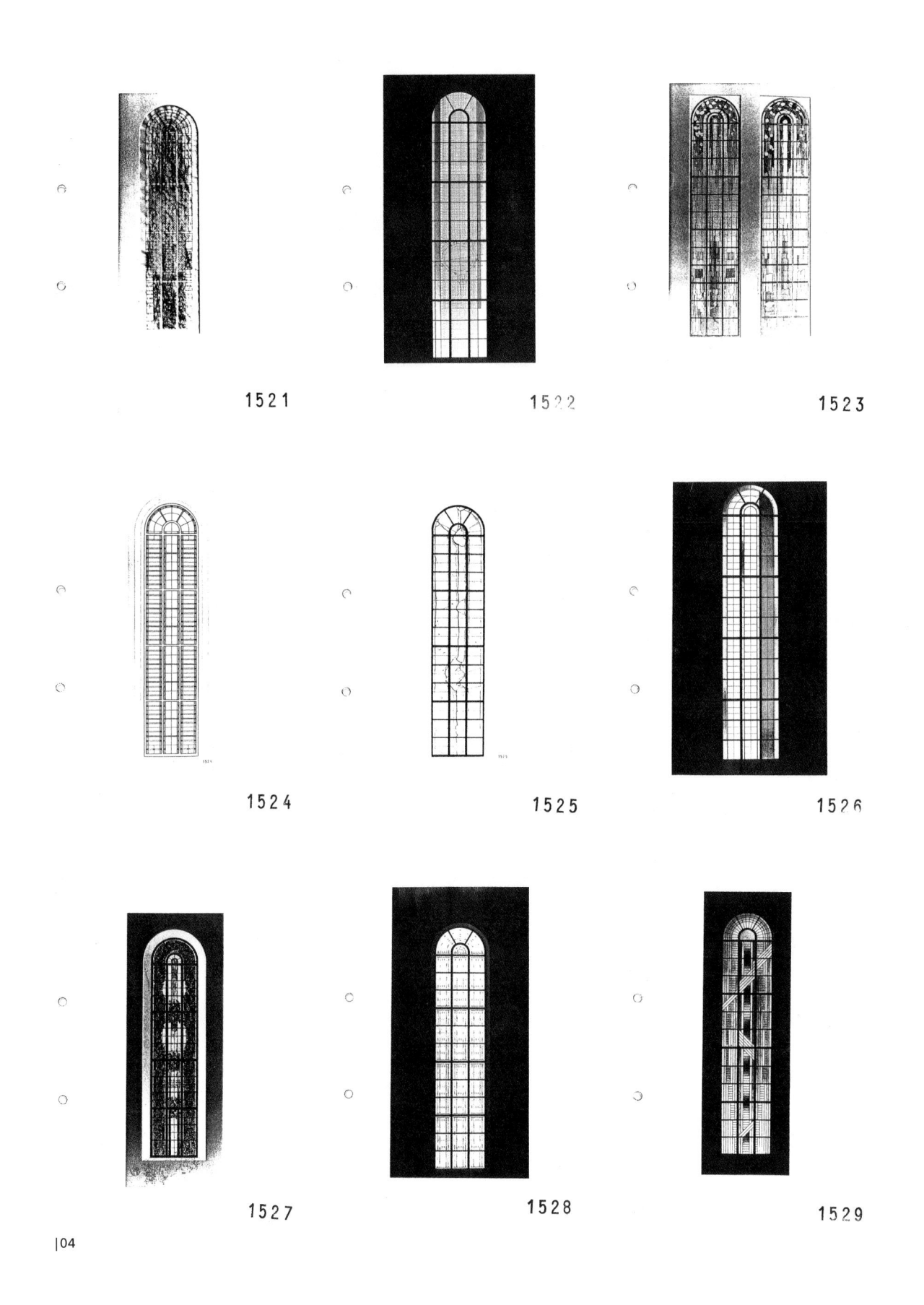

|05 Wilhelm Buschulte, Grisaille window for the Paulskirche, photo: c. 1988

vergessene Senftopf auf dem Wirtschaftstisch […]."³⁵ 1965 wurde ein Entwurf für eine Rathauserweiterung östlich der Paulskirche vorgelegt, den die Frankfurter heftig ablehnten.³⁶ |06

1975 wurde ein erster Wettbewerb für die Bebauung des Paulsplatzes ausgelobt. Aus 93 eingereichten Arbeiten wählte eine Jury unter Vorsitz von Rudolf Hillebrecht die des Frankfurter Architektenteams Bartsch, Thürwächter und Weber auf den ersten Platz – einen in sich geschlossenen, zwei- bis dreigeschossigen Atriumstufenbau, der sich zur Paulskirche öffnete. |08 Im Erdgeschoss sollten Gastronomie und Läden untergebracht werden, darüber Praxisräume und im obersten Geschoss Wohnungen. Der zweite Preis ging an Klaus Walter aus Obertshausen und Christoph Rohde aus Bad Homburg, die vielfältige Attraktionen unter einer aufgelockerten Dachkonstruktion vorsahen. |09 Den dritten Preis erhielt die Stuttgarter Studentengruppe ASPLAN unter der Leitung von Johannes Strelitz. Sie schlugen Fontänen als eine Wasserwand zur Berliner Straße vor, ein streng ausgerichteter Platanenhain schloss die Fläche.³⁷ |10 Erwähnenswert ist auch der Entwurf von Novotny Mähner Assoziierte, die einen terrassierten öffentlichen Platz vorsahen, der sich allerdings von der Paulskirche abwendete. |11 Realisiert wurde schließlich der drittplatzierte Entwurf von ASPLAN in reduzierter Form, ohne Wasserspiele. Diese wenig mutige Lösung, die für die Zukunft alle Möglichkeiten offenhalten sollte, erfreute sich bei der Bevölkerung zunehmender Beliebtheit.³⁸

Oberbürgermeister Wallmann brachte zu Beginn der achtziger Jahre neue Planungen ins Spiel. Er träumte davon, Frankfurt „mit der Erneuerung der Paulskirchenumgebung wieder stärker auch als Zentrum deutscher Demokratie"³⁹ erstrahlen und eines Tages die Wahl des Bundespräsidenten in der Paulskirche stattfinden zu lassen.⁴⁰ Um die Diskussion zu beleben, lud die Stadt sechs Architekturbüros, die zu jener Zeit für Spielarten postmoderner Formensprache standen, zu einem städtebaulichen Gutachterwettbewerb ein. Auf ein Nutzungsprogramm verzichtete die Ausschreibung. Da die Stadt ausdrücklich „nicht finanzierbare öffentliche Einrichtungen"⁴¹ ausschloss, blieb nicht viel anderes übrig als Einzelhandel im Erdgeschoss sowie Büros und Wohnungen darüber. Der Entwurf von Bartsch, Thürwächter und Weber sah einen mächtigen, geschlossenen Baublock in der Vorkriegsdimension vor |12, während Alexander Freiherr von Branca die Paulskirche mit einem weiten Kreissegment umfing. |13 Jourdan und Müller schlossen den Platz mit einem schmalen Gebäuderiegel, der im Innern den Baumbestand wahrte. |14 Oswald Mathias Ungers bezog die angrenzenden Straßenräume in den Platz ein und überbaute sie stellenweise mit Torbauten und einem Hochhaus. |18 Für den Platz selbst präsentierte er verschiedene Varianten vom Erhalt der Bäume über Solitärbauten bis hin zu einer Zeile aus Stadthäusern. |15 Hans Hollein schlug eine radikale Bebauung vor: Die Ostseite des Platzes sollte mit einer Bogenwand begrenzt werden, einer symbolischen Abwicklung

the basement was completely converted and fitted out with new technical facilities. In large part, the City of Frankfurt bore the costs in excess of 23 million deutschmarks, as the Federal Government did not, as envisaged, provide a subsidy and an appeal for donations only raised 2.1 million deutschmarks.³⁴

Proposals for the Paulsplatz Square

The discussions about the Paulskirche's shape always also included its surroundings. While the rebuilt Paulskirche had become a fait accompli soon after the War, to this day the building still lacks an appropriate urban setting. |07 Owing to the bombing raids and the new line for the Berliner Strasse to the north, today the square is too large compared to the Paulskirche. The 1960 treatise by the planning committee already stated that "the church has not been duly inserted into the urban fabric and the result is spoiled. It was previously largely embedded in the surrounding buildings, which created a frame that gave it the right scale. Now it stands in solitude on a large square like a mustard pot left behind on a tavern table […]."³⁵ In 1965, a proposal for an extension of the City Hall east of the Paulskirche was made – and fiercely rejected by the Frankfurt citizenry.³⁶ |06

In 1975, a first competition for the design of Paulsplatz was held. A total of 93 entries were submitted, and the jury chaired by Rudolf Hillebrecht awarded first prize to Bartsch, Thürwächter, Weber, a Frankfurt team of architects who proposed a hermetic, two-to-three story staggered atrium building that opened towards the Paulskirche. |08 The ground floor was to house restaurants and shops, with doctors' practices above them and apartments on the top floor. Second prize went to Klaus Walter from Obertshausen and Christoph Rohde from Bad Homburg, who envisaged diverse attractions under a roof structure. |09 Third prize went to a group of Stuttgart students called ASPLAN and led by Johannes Strelitz. They proposed fountains as a wall of water on the Berliner Strasse side and a strict layout of plane trees covering the main area.³⁷ |10 The entry by Novotny Mähner Associates also bears mentioning: It centered on a terraced public plaza that, however, was oriented away from the Paulskirche. |11 What was finally realized was the third-placed ASPLAN proposal, albeit on a reduced scale without the fountains. The citizens increasingly preferred this non-committal solution, which was initially meant to leave the future open.³⁸

In the early 1980s, Lord Mayor Wallmann vaunted new plans. He dreamed of a situation in which Frankfurt, "with the renewal of the

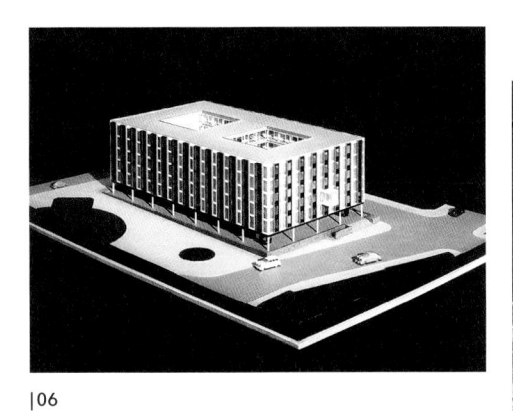

|06 Rathauserweiterung auf dem Paulsplatz, Modell, 1965 |07 Randbebauung des Paulsplatzes mit Ladenlokalen, Foto: 1970 |08-11 Wettbewerb zur Bebauung des Paulsplatzes, Modelle, 1975: |08 1. Preis: Bartsch, Thürwächter und Weber |09 2. Preis: Klaus Walter / Christoph Rohde |10 3. Preis: ASPLAN (Johannes Strelitz) |11 Novotny Mähner Assoziierte

|06 City Hall extension on Paulsplatz, model, 1965 |07 Perimeter development of Paulsplatz with stores, photo: 1970 |08-11 Competition for the development of Paulsplatz, models, 1975: |08 First prize: Bartsch, Thürwächter, Weber |09 Second prize: Klaus Walter & Christoph Rohde |10 Third prize: ASPLAN (Johannes Strelitz) |11 Novotny Mähner Assoziierte

|12-18 Städtebaulicher Gutachterwettbewerb „Die Umgebung der Paulskirche", Modelle, 1983: |12 Bartsch, Thürwächter und Weber |13 Alexander Freiherr von Branca |14 Jourdan und Müller |15 Oswald Mathias Ungers |16 Hans Hollein |17 Goldapp und Klumpp |18 Oswald Mathias Ungers, Entwurf für ein Tor-Hochhaus über dem Theatertunnel

|12-18 Urban planning competition "The Area Surrounding the Paulskirche," models, 1983: |12 Bartsch, Thürwächter, Weber |13 Alexander Freiherr von Branca |14 Jourdan and Müller |15 Oswald Mathias Ungers |16 Hans Hollein |17 Goldapp and Klumpp |18 Oswald Mathias Ungers, Design for a gate high-rise over the Theater Tunnel

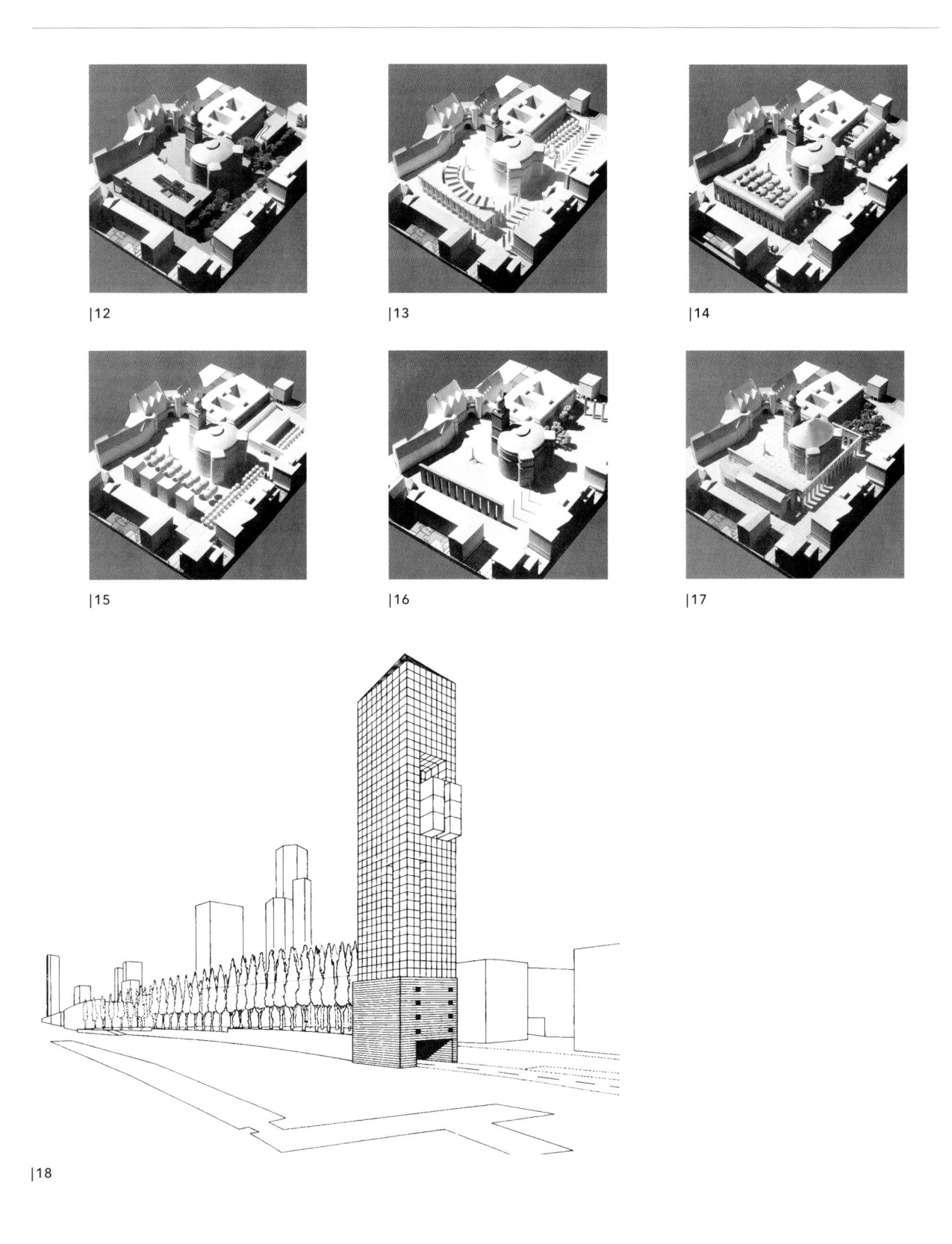

Paulskirche's surroundings, would have a stronger appeal as the center of German democracy."[39] He would have loved the federal president to be elected in the Paulskirche one day.[40] In order to kindle debate, the City invited six architecture practices to take part in an urban planning competition. At the time, each stood for a variant of the postmodern style. The competition brief did not state which uses the area should have. Since the City expressly excluded "financially unfeasible public facilities,"[41] there were few options other than retail on the ground floor plus offices and apartments above. The entry submitted by Bartsch, Thürwächter, Weber envisaged a massive closed block on the prewar scale |12, while Alexander Freiherr von Branca embraced the Paulskirche with a wide section of a circle. |13 Jourdan and Müller enclosed the square with a narrow band of a block that preserved the trees on the inside. |14 Oswald Mathias Ungers included the adjacent roads in the square and in part covered them with gatehouses and a highrise. |18 For the plaza itself he came up with different variants ranging from preserving the trees through standalone builds to a line of townhouses. |15 Hans Hollein proposed a radical scheme: The east side of the square would end in an arched wall, as if the elliptical church wall were symbolically unrolled. |16 Each arch would stand for one of the then ten federal states, and half an opening for divided Berlin. A similar theme was used by Goldapp and Klumpp, who framed the entire square with a wall that drew formally on the church façade and abutted a building in the east. |17 This was, moreover, the only proposal that also included reconstructing the historical Paulskirche roof.[42]

The competition proposals were intended to provide food for thought, but were soon lost in the abovementioned heated debate over the Paulskirche itself. As a result, the grid of plane trees adopted after the 1975 competition has survived to this day. |19 And Eugen Blanck's words uttered back in 1960 still apply: Frankfurt has "the very good fortune to be able to create a genuine city center on this space that is simultaneously a center of German history."[43]

der elliptischen Kirchenwand. |16 Jede Öffnung stand dabei für eines der damals zehn Bundesländer, eine halbe für das geteilte Berlin. Ein ähnliches Motiv fand sich auch bei Goldapp und Klumpp, die den gesamten Platz mit einer formal an die Kirchenfassade angelehnten Mauer umrahmten, an die sich im Osten ein Gebäude anschloss. |17 Dies war der einzige Entwurf, der auch die Rekonstruktion des historischen Daches der Paulskirche vorsah.[42]

Die Wettbewerbsvorschläge waren als Denkanstöße gedacht, verebbten jedoch bald darauf in der geschilderten hitzigen Debatte über die Form der Paulskirche selbst. So besteht das aus dem Wettbewerb 1975 hervorgegangene Baumraster weiter fort. |19 Und noch heute gilt, was Eugen Blanck 1960 schrieb: Frankfurt habe „doch das große Glück, sich in diesem Gebiet noch einen echten Mittelpunkt schaffen zu können, der gleichzeitig ein Mittelpunkt der deutschen Geschichte ist."[43]

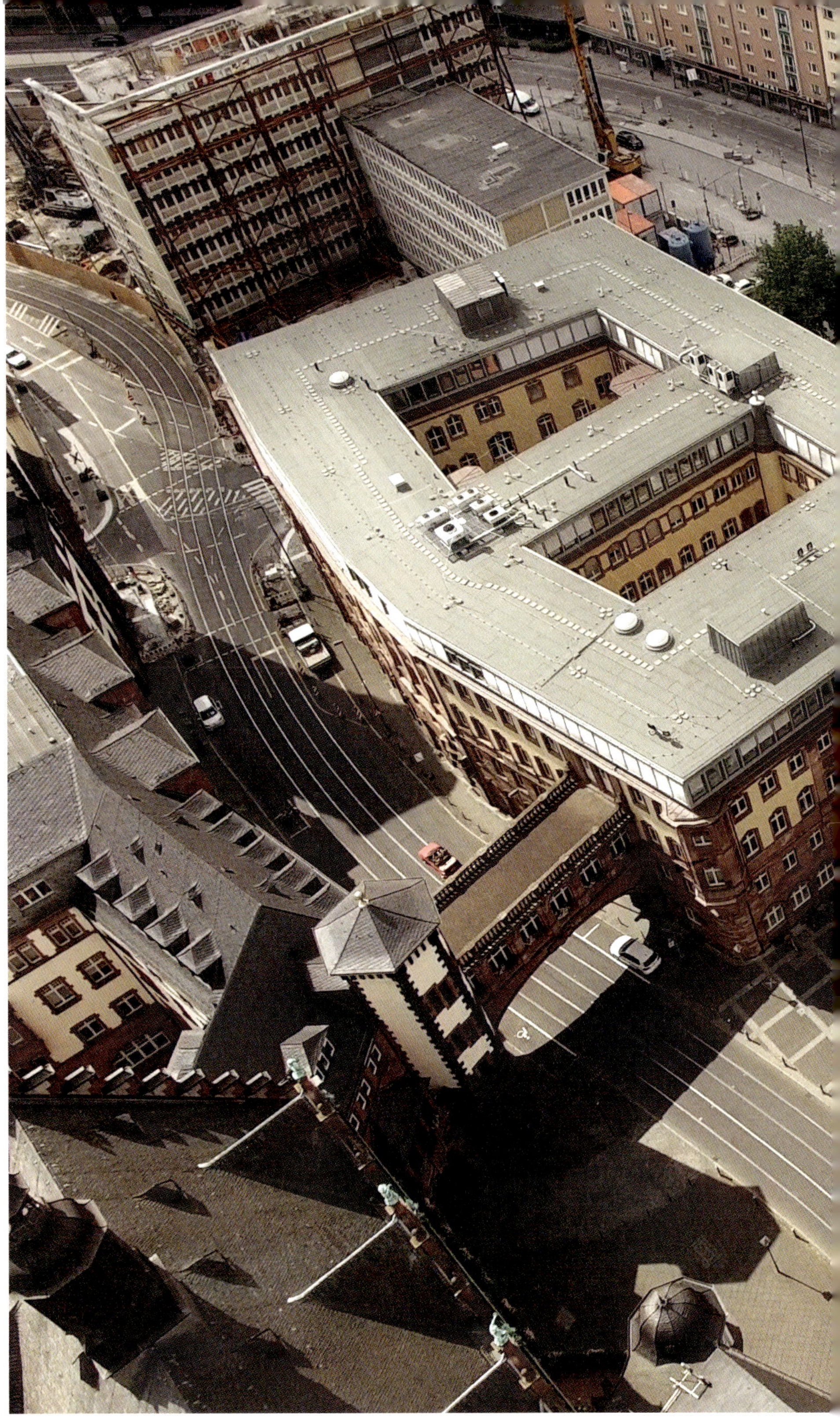

19 Paulskirche und Paulsplatz, Zustand seit der Umsetzung des Entwurfs von ASPLAN aus dem Jahr 1975, Foto: 2016

19 Paulskirche and Paulsplatz, status since the 1975 design by ASPLAN was realized, photo: 2016

1. Siehe in diesem Band Thomas Bauer, S. 44–67.
2. Siehe in diesem Band Bernhard Unterholzner, S. 94–103.
3. Planungsgemeinschaft Paulskirche (Rudolf Schwarz / Johannes Krahn / Gottlob Schaupp / Eugen Blanck), *Denkschrift zur Fortsetzung des Wiederaufbaus der Paulskirche*, 1960, S. 3, ISG, Nachlass Eugen Blanck, S1-177/22.
4. Ebenda.
5. Ebenda, S. 1.
6. Ebenda, S. 5.
7. Ebenda, S. 9.
8. Ebenda, S. 11.
9. Vgl. ebenda, S. 6.
10. Vgl. ebenda, S. 12.
11. Vgl. ebenda, S. 11–16.
12. *Deutschlands Fahnen dämpfen den Schall*, in: *Frankfurter Allgemeine Zeitung*, 24.9.1966.
13. Ebenda.
14. Vgl. ebenda.
15. Walter Wallmann, *Paulskirche und Paulsplatz*, in: Magistrat der Stadt Frankfurt am Main (Hg.), *Städtebaulicher Gutachterwettbewerb. Die Umgebung der Paulskirche*, Frankfurt 1983, S. 5/6, hier S. 6.
16. Klaus Wever verantwortete in Ost-Berlin die technischen Einrichtungen des Palastes der Republik (1973–76).
17. Vgl. Klaus Wever, *Paulskirche in Frankfurt am Main. Dokumentation zur Vorplanung*, 1980, Typoskript, DAM-Bibliothek.
18. Vgl. *Die Paulskirche ist ein Denkmal des Neubeginns*, in: *Frankfurter Rundschau*, 4.9.1982.
19. Siehe in diesem Band Lucia Seiß, S. 32–43.
20. Wever (wie Anm. 17), S. 39.
21. Ebenda, S. 42.
22. Vgl. ebenda, S. 44.
23. Maria Schwarz, Brief an Nikolaus Rosiny, 17.9.1982, Historisches Archiv des Erzbistums Köln, Nachlass Maria Schwarz.
24. Siehe in diesem Band Liesner / Sturm, S. 12–31.
25. Vgl. Magistrat der Stadt Frankfurt am Main (Hg.), *Paulskirche Frankfurt am Main. Werkstattgespräche über eine Instandsetzung*, 1984, Typoskript, DAM-Bibliothek.
26. Wilfried Ehrlich, *Nur mit der Paulskirche hat das nichts zu tun*, in: *Frankfurter Allgemeine Zeitung*, 31.5.1986.
27. Magistrat 1984 (wie Anm. 25), S. 48.
28. Ebenda.
29. Vgl. ebenda, S. 67, 98.
30. Vgl. ebenda, S. 105.
31. Vgl. *Architektenvertrag zwischen der Stadt Frankfurt und der Planungsgemeinschaft Paulskirche Dr. Ing. Klaus Wever und Dipl. Ing. Maria Schwarz*, 19.12.1986, Historisches Archiv des Erzbistums Köln, Nachlass Maria Schwarz.
32. Wendelin Leweke, *Geschichte der Paulskirche*, in: Magistrat der Stadt Frankfurt am Main (Hg.), *Die Paulskirche in Frankfurt am Main*, Frankfurt 1988, S. 19–59, hier S. 46.
33. Siehe in diesem Band Liesner / Sturm, S. 12–31.
34. Vgl. Leweke (wie Anm. 32), S. 46–52.
35. Planungsgemeinschaft (wie Anm. 3), S. 10.
36. Vgl. Magistrat der Stadt Frankfurt am Main (Hg.), *Städtebaulicher Gutachterwettbewerb. Die Umgebung der Paulskirche*, Frankfurt 1983, S. 7.
37. Vgl. *Erster Preis für Atriumstufenbau auf dem Paulsplatz*, in: *Frankfurter Allgemeine Zeitung*, 17.3.1975.
38. Vgl. Magistrat 1983 (wie Anm. 36), S. 7.
39. Wallmann (wie Anm. 15), S. 5.
40. Vgl. Magistrat 1983 (wie Anm. 36), S. 14.
41. Ebenda.
42. Vgl. ebenda, S. 16–65.
43. Eugen Blanck, *Betr.: Ausgestaltung der Paulskirche*, Typoskript, Historisches Archiv des Erzbistums Köln, Nachlass Maria Schwarz.

1. See also Thomas Bauer in this book, pp. 44–67.
2. See also Bernhard Unterholzner in this book, pp. 94–103.
3. Planungsgemeinschaft Paulskirche (Rudolf Schwarz, Johannes Krahn, Gottlob Schaupp & Eugen Blanck), *Denkschrift zur Fortsetzung des Wiederaufbaus der Paulskirche*, 1960, p. 3, ISG, Estate of Eugen Blanck, S1-177/22.
4. Ibid.
5. Ibid., p. 1.
6. Ibid., p. 5.
7. Ibid., p. 9.
8. Ibid., p. 11.
9. Cf. ibid., p. 6.
10. Cf. ibid., p. 12.
11. Cf. ibid., pp. 11–16.
12. "Deutschlands Fahnen dämpfen den Schall," in: *Frankfurter Allgemeine Zeitung*, (September 24, 1966).
13. Ibid.
14. Cf. ibid.
15. Walter Wallmann, "Paulskirche und Paulsplatz," in: Magistrat der Stadt Frankfurt am Main (ed.), *Städtebaulicher Gutachterwettbewerb. Die Umgebung der Paulskirche*, (Frankfurt, 1983), pp. 5–6, here p. 6.
16. Klaus Wever was responsible in East Berlin for the technical facilities in the Palast der Republik (1973–76), the East German Parliament.
17. Cf. Klaus Wever, *Paulskirche in Frankfurt am Main. Dokumentation zur Vorplanung*, 1980, typescript, DAM Library.
18. Cf. "Die Paulskirche ist ein Denkmal des Neubeginns," in: *Frankfurter Rundschau*, (September 4, 1982).
19. See also Lucia Seiß in this book, pp. 32–43.
20. Wever (see note 17), p. 39.
21. Ibid., p. 42.
22. Cf. ibid. p. 44.
23. Maria Schwarz, letter to Nikolaus Rosiny, September 17, 1982, Historisches Archiv des Erzbistums Köln, Estate of Maria Schwarz.
24. See also Liesner & Sturm in this book, pp. 12–31.
25. Cf. Magistrat der Stadt Frankfurt am Main (ed.), *Paulskirche Frankfurt am Main. Werkstattgespräche über eine Instandsetzung*, 1984, typescript, DAM Library.
26. Wilfried Ehrlich, "Nur mit der Paulskirche hat das nichts zu tun," in: *Frankfurter Allgemeine Zeitung*, (May 31, 1986).
27. Magistrat 1984 (see note 25), p. 48.
28. Ibid.
29. Cf. ibid., pp. 67, 98.
30. Cf. ibid., p. 105.
31. Cf. architectural contract between the City of Frankfurt and the Paulskirche Planning Committee, Dr. Klaus Wever and Maria Schwarz, December 19, 1986, Historisches Archiv des Erzbistums Köln, Estate of Maria Schwarz.
32. Wendelin Leweke, "Geschichte der Paulskirche," in: Magistrat der Stadt Frankfurt am Main (ed.), *Die Paulskirche in Frankfurt am Main*, (Frankfurt, 1988), pp. 19–59, here p. 46.
33. See also Liesner & Sturm in this book, pp. 12–31.
34. Cf. Leweke (see note 32), pp. 46–52.
35. Planungsgemeinschaft (see note 3), p. 10.
36. Cf. Magistrat der Stadt Frankfurt am Main (ed.), *Städtebaulicher Gutachterwettbewerb. Die Umgebung der Paulskirche*, (Frankfurt, 1983), p. 7.
37. Cf. "Erster Preis für Atriumstufenbau auf dem Paulsplatz," in: *Frankfurter Allgemeine Zeitung*, (March 17, 1975).
38. Cf. Magistrat 1983 (see note 36), p. 7.
39. Wallmann (see note 15), p. 5.
40. Cf. Magistrat 1983 (see note 36), p. 14.
41. Ibid.
42. Cf. ibid, pp. 16–65.
43. Eugen Blanck, "Betr.: Ausgestaltung der Paulskirche," typescript, Historisches Archiv des Erzbistums Köln, Estate of Maria Schwarz.

|20 VIP-Raum im ovalen Kern der Wandelhalle, Foto: 2019 |20 VIP Room in the oval core of the foyer, photo: 2019

DIE SPRECHSTELLE DER PAULSKIRCHE
EINGANGSPORTAL ZUM ÖFFENTLICHEN RAUM
THE PAULSKIRCHE'S SPEAKING POINT
GATEWAY TO THE PUBLIC SPHERE

Bernhard Unterholzner

On May 18, 1948, exactly 100 years to the day since the German National Assembly opened there, writer Fritz von Unruh took to the lectern in the restored Paulskirche.[1] The grand opening was one of the first media events in the German post-war period. In Frankfurt, as the TV news reported, an entire week was dedicated to celebrating "Germany under the sign of its spiritual renewal as a peaceful and free country."[2] |02

"Here I Stand, I Cannot Do Otherwise" – The Speaker at the Speaking Point

Von Unruh was a playwright from the inter-war years largely forgotten in 1948 and formerly a "good citizen of the liberal city of Frankfurt."[3] Having fled the Nazis, von Unruh was the first writer to take up Frankfurt Lord Mayor Walter Kolb's invitation to return from exile in America to a Germany devastated by the Third Reich. Commemorating the Paulskirche's reopening, he then held his famous celebratory speech entitled "Address to the Germans," in which he warned against any form of subservience and compromise and condemned the half-hearted denazification policies.[4] So passionately did von Unruh speak that at one point he collapsed behind the lectern and had to take a break before he could continue. In terms of performance and trenchancy, at the time his speech was truly an event, but his warnings soon evaporated in the assiduous historical amnesia during the years of the economic upturn.

From the Paulskirche's lectern, Fritz von Unruh cited the famous Luther adage: "Here I stand, I cannot do otherwise," as a reference to how great Germans had "daringly and sacrilegiously"[5] defied authority. The writer thus assigned himself a place in the tradition of sincere speeches and also highlighted his position as the speaker at the lectern. The place where Fritz von Unruh stood to speak—designated as the "speaking point"[6] in the architects' description of the building—was located between religion and politics. The technical term pointed to its functional neutrality; the speaking point was both church pulpit and parliamentary speaker's stand. The planners envisaged the new Paulskirche having a "dual task" as a "house of the people and a house of God."[7] In this way, they referenced the religious and the political uses the building had had prior to its destruction in the War. In particular, the historical link to the Paulskirche Parliament of 1848 seemed obvious on the occasion of its 100th anniversary; contemporaries feared God would be appropriated for political purposes.[8]

Am 18. Mai 1948, auf den Tag genau hundert Jahre nach Eröffnung der deutschen Nationalversammlung, trat der Schriftsteller Fritz von Unruh ans Rednerpult der wieder aufgebauten Paulskirche.[1] Deren Eröffnung war eines der ersten Medienereignisse der Nachkriegszeit. In Frankfurt beging man, wie die Wochenschau berichtete, eine ganze Festwoche „im Zeichen der geistigen Erneuerung eines friedlichen und freiheitlichen Deutschlands".[2] |02

„Hier stehe ich, ich kann nicht anders" – Der Redner an der Sprechstelle

Von Unruh war ein 1948 weitgehend vergessener Dramatiker der Zwischenkriegszeit und einst „guter Bürger der liberalen Stadt Frankfurt".[3] Der vor den Nazis Geflohene war der erste vom Frankfurter Oberbürgermeister Walter Kolb eingeladene Schriftsteller, der sich bereit erklärte, aus dem amerikanischen Exil ins nationalsozialistisch verwüstete Deutschland zurückzukehren. In der Paulskirche hielt er als Festansprache zu deren Wiedereröffnung seine berühmte „Rede an die Deutschen", in der er vor jeglicher Form von Untertanengeist und Mitläufertum warnte und die halbherzige Entnazifizierung verurteilte.[4] Von Unruh sprach derart leidenschaftlich, dass er zwischenzeitlich am Pult kollabierte und erst nach einer Pause fortfahren konnte. In ihrer Performanz und Eindringlichkeit war seine Rede damals ein Ereignis, seine Warnungen verhallten allerdings schnell in der geschäftigen Geschichtsvergessenheit der Wirtschaftswunderjahre.

Fritz von Unruh zitierte am Pult der Paulskirche das berühmte Luther-Wort „Hier stehe ich, ich kann nicht anders" als Referenz dafür, wie große Deutsche der Obrigkeit „frevelkühn"[5] entgegentraten. Der Dichter reihte sich damit ein in die Tradition der aufrechten Rede und markierte zugleich seine Position als Sprecher am Pult. Der Ort, von dem aus Fritz von Unruh sprach – von den Architekten in ihrer Baubeschreibung als „Sprechstelle"[6] bezeichnet –, befand sich dabei zwischen Religion und Politik. Die technische Bezeichnung signalisierte funktionale Neutralität, die Sprechstelle war kirchliche Kanzel und parlamentarisches Rednerpult zugleich. Die Planer sahen für die neue Paulskirche eine „doppelte Aufgabe" vor – als „Volkshaus und Gotteshaus".[7] Damit knüpften sie an die kirchliche und auch die politische Nutzung des Baus vor dessen Zerstörung an. Besonders die historische Referenz an das Paulskirchenparlament 1848 drängte sich zum hundertjährigen Jubiläum auf; Zeitgenossen fürchteten die Vereinnahmung Gottes für politische Zwecke.[8]

Wunsch und Wirklichkeit – Planung und Nutzung der Sprechstelle

Die Sprechstelle war von den Architekten – im Gegensatz zum überdimensionierten Kirchenoval, gedacht als „das offene Weltall" – dem "menschlichen Gebrauch zugemessen, niedrig und ganz im menschlichen Maß".⁹ Von dort aus sollten die Abgeordneten, man erhoffte sich Frankfurt am Main als zukünftige Bundeshauptstadt, zu einem frei gewählten Parlament sprechen. Dementsprechend demokratisch sollte „die Sprechstelle eine kleine Anhöhe in der menschlichen Landschaft" werden, von der aus das Wort „groß und endgültig aus dem Volk hervorkommt."¹⁰ Wie die Empore sollte auch die Sprechstelle aus Marmor gefertigt werden, das Material war jedoch nicht zu beschaffen; stattdessen verwandte man Muschelkalk. An der Empore hinter den Rednern hing „ein kostbares Gewebe",¹¹ gemustert mit Friedenstauben. |01|03|05

Zum Zeitpunkt der Paulskirchen-Eröffnung war Frankfurt Favorit im Hauptstadtwettbewerb, ein Jahr später hatte sich die politische Lage gegen die Frankfurter Träume gewandt. Die Parlamentsredner debattierten nun in Bonn und die Paulskirche rückte in die zweite Reihe der demokratischen Kathedralen, wurde dafür aber zur überregional bedeutenden Preisverleihungsstätte der geistigen Eliten.¹² Seit 1948 wird der Goethepreis der Stadt Frankfurt am Main dort verliehen, seit 1951 der Friedenspreis des Deutschen Buchhandels, seit 1977 der Theodor-W.-Adorno-Preis, seit 2001 der Ignatz-Bubis-Preis für Verständigung und seit 2004 der Internationale Hochhaus Preis, um die wichtigsten zu nennen.

Traditionell die größte Strahlkraft haben die Friedenspreisverleihungen, die als Hochamt der demokratischen Nachkriegsgesellschaft die vergangenen Kaiserkrönungen im benachbarten Dom ersetzten. Die ursprünglich geplante sakral-profane Doppelfunktion der Paulskirche findet hier ihre Synthese, mit der „Bürgerkrone der Menschlichkeit"¹³ krönt man nun Geistesgrößen; deren Reden sind politische Predigten. Dabei sind die Redner in ihren zivilreligiösen Ansprachen niemals so weit gegangen, von der Rede ins Gebet zu wechseln. Ausnahmen wie Navid Kermanis Aufforderung zum Gebet für die Opfer des „Islamischen Staates" am Ende seiner Friedenspreisrede 2015 wurden zum diskutierten Medienereignis; die *Süddeutsche Zeitung* sprach von einem „unerträglichen Übergriff"¹⁴.

Von der Sprechstelle aus ergießt sich allerdings auch ein steter Strom von Grußworten, Ansprachen und Reden für das Alltagsgeschäft zahlreicher Veranstaltungen, Preisverleihungen und Auszeichnungen. Entgegen den strengen städtischen „Richtlinien zur Vergebung der Paulskirche" war das Gebäude in den frühen Jahren Ort für allerlei: „So wechseln Briefmarkenwettbewerbe, Konzerte, Drogistentage, Fritz von Unruh mit Goethe-Preis, genossenschaftliche Wirtschaftsberichte, Chöre, juristische Fachdebatten, auch Professor Dr. Albert Schweitzer mit Friedensbuchpreis und Blumenhändlertage einander im ‚Nationalheiligtum der deutschen Demokratie' ab",¹⁵ schrieb der *Spiegel* 1951.

**Wish and Reality –
Planning and Use of the Speaking Point**

The architects envisaged the speaking point — in contrast to the outsized church oval thought as "the open outer space" — as "appropriate to human use, low and truly on a human scale."⁹ From there, the members of parliament (Frankfurt hoped at this time that it would be made the federal capital) would be able to address the freely elected parliament. The "speaking point on a small rise in the human landscape" was to be accordingly democratic in thrust, and from there the word "would resound loudly and unequivocally out of the people."¹⁰ Like the gallery, the speaking point was to be made of marble, however the material could not be procured at the time and shell limestone was used instead. On the gallery behind the speaker hung "a piece of precious fabric"¹¹ embroidered with the patterns of the peace dove. |01|03|05

At the time when the Paulskirche reopened, Frankfurt was still the favorite for the nomination as capital city, but only a year later the political situation had dashed Frankfurt's hopes. The parliamentary speakers were now debating in Bonn and the Paulskirche took its place in the second row of democratic cathedrals, albeit becoming a prestigious national venue where prizes were awarded by the intellectual elites.¹² From 1948 onwards, the City of Frankfurt's Goethe Prize was bestowed there, as of 1951 the Peace Prize of the German Book Trade, from 1977 onwards the Theodor-W.-Adorno Prize, starting in 2001 the Ignatz Bubis Prize for Understanding, and from 2004 onwards the International Highrise Award, to name the most important ones.

Traditionally, it is the awards ceremonies for the Peace Prize that radiate most strongly, which as the high mass of democratic postwar society replaced the imperial coronations of yore in the nearby cathedral. This forms the synthesis of the dual religious/profane function the Paulskirche was originally meant to have – the "civic crown of humanity"¹³ now goes to intellectual titans and their speeches are political sermons. In their civil-religious speeches, the speakers have never gone so far as to switch from speech to prayer. Exceptions such as Navid Kermani's call to pray for the victims of the "Islamic State" at the end of his Peace Prize speech in 2015 became an event discussed in the media; the daily *Süddeutsche Zeitung* spoke of an "intolerable violation."¹⁴

However, from the speaking point there is also a constant flow of welcoming addresses and speeches for everyday events, awards, and prize-givings. Contrary to the strict municipal

97

|01 Planungsgemeinschaft Paulskirche, Entwurf der Sprechstelle, ca. 1947
|02 Fritz von Unruh, Eröffnungsrede in der wieder aufgebauten Paulskirche, 18. Mai 1948 |03 Sprechstelle vor Tuchschmuck zur Wiedereröffnung, Foto: 1948

|01 Paulskirche Planning Committee, Design of the speaking point, c. 1947
|02 Fritz von Unruh, Opening speech in the rebuilt Paulskirche, May 18, 1948 |03 Speaking point in front of decorative cloths hung for the reopening, photo: 1948

|04

|05

|04 John F. Kennedy, Rede in der Paulskirche anlässlich seines Deutschlandbesuchs, 25. Juni 1963 |05 Planungsgemeinschaft Paulskirche, Entwurf des Altar-/Bühnenraums, ca. 1947

|04 John F. Kennedy, Speech in the Paulskirche during his visit to Germany, June 25, 1963 |05 Paulskirche Planning Committee, Design of the sanctuary stage, c. 1947

"guidelines on the use of the Paulskirche," in the early years the building was a place used by all manner of people: "Thus, postage stamp competitions, concerts, druggists' conventions, Fritz von Unruh receiving the Goethe Prize, cooperative business reports, choirs, debates among legal experts, even Professor Albert Schweitzer receiving the Peace Prize, and conventions for florists alternated in the 'National Shrine of German Democracy,'"[15] opined the magazine *Spiegel* in 1951.

Shell Limestone to Marble? – Upgrading the Paulskirche

In a treatise published in 1960, the architects of the new Paulskirche criticized these overly profane usages and the building's poor maintenance.[16] They called for a thorough cleaning and for the completion of the rebuilding work, which had been discontinued following Frankfurt's defeat in the race to become capital city. This also included enhancing the speaking point: "The essentially beautifully shaped pulpit was at the time realized using a material not really suited for it. […] Its redesign in a dark and high-quality material would considerably augment this central point."[17] The architects proposed replacing the pulpit cut from shell limestone with one as originally planned in marble. However, this plan has never been implemented.

As regards the treatise, it is worth noting the sheer pathos associated with the Paulskirche, and not just its architecture as a monument to the country's reconstruction but also its potential use as an "institution of the highest intellectual standing."[18] The language used in the treatise, which repeatedly talks of the purifying destruction by the fire of war, cites the Paulskirche as marking an intellectual and moral 'zero hour' of modern Germany. In this view, the fire of war not only burned out the masonry, but also the minds. The edifice was thus "an incomparable instrument of politics now imbued with intellectual stature," and "could truly become a pledge to German liberty;" only Frankfurt, it continued, possesses such an "agora," "but life should first be breathed into it and it should echo far and wide."[19] In these passages the architects use the conditional tense, meaning there was still work to be done. In 1960 the focus was no longer on establishing a parliament, but rather the Paulskirche was meant to echo "far and wide" as the central hall of West German culture. If only people would understand, the architects admonished, that the Paulskirche was not simply "a rarely used assembly hall," but an "intellectual institution,"[20] then they would also take the events that were held in

Muschelkalk zu Marmor? – Die Aufwertung der Paulskirche

Die Architekten der neuen Paulskirche kritisierten 1960 in einer Denkschrift diese allzu profanen Nutzungen ebenso wie die mangelnde Instandhaltung.[16] Sie forderten eine Grundreinigung und die Vollendung des Wiederaufbaus, der nach der Frankfurter Niederlage in der Hauptstadtfrage unterbrochen worden war. Dazu gehörte auch die Aufwertung der Sprechstelle: „Die an sich formschöne Kanzel wurde seinerzeit in einem wenig geeigneten Material ausgeführt. […] Eine Neugestaltung in dunklem, edlem Material würde diesen Zentralpunkt wesentlich heben."[17] Die Architekten schlugen vor, die in Muschelkalk gehauene Kanzel durch eine ursprünglich geplante marmorne zu ersetzen. Dieser Plan wurde jedoch nie umgesetzt.

Bemerkenswert an der Denkschrift ist, mit welchem Pathos die Paulskirche aufgeladen wurde, nicht nur deren Architektur als Wiederaufbaudenkmal, sondern auch ihre potenzielle Nutzung als „Institution höchster geistiger Würde".[18] Ihre Sprache, die immer wieder auf die reinigende Zerstörung des Kriegsfeuers kommt, sucht in der Paulskirche eine geistig-moralische Stunde Null; die Kriegsfeuer hatten in dieser Vorstellung nicht nur das Mauerwerk ausgeglüht, sondern auch die Köpfe. Das Bauwerk sei „ein unvergleichliches Instrument einer vergeistigten Politik" und „könnte geradezu zu einem Unterpfand deutscher Freiheit werden"; nur Frankfurt habe eine solche „Agora", „aber sie müsste verlebendigt werden und weit hinaus strahlen."[19] In diesen Passagen wechseln die Architekten in den Konjunktiv, es war also noch einiges zu tun. 1960 ging es nicht länger darum, ein Parlament zu errichten, vielmehr sollte die Paulskirche als zentraler bundesdeutscher Kultursaal „weit hinaus strahlen". Wenn man endlich verstünde, mahnten die Architekten, dass die Paulskirche nicht lediglich „ein recht selten benutzter Versammlungsraum", sondern eine „geistige Einrichtung" sei,[20] dann würde auch endlich ernst genommen werden, was in dem Bau geschieht. Als positives Beispiel nennt die Denkschrift die Friedenspreisreden.[21]

Wer darf sprechen? – Das Pult als Portal zur Öffentlichkeit

Prominentester Redner in der Paulskirche war der US-Präsident John F. Kennedy. Am 25. Juni 1963 sprach er dort über die transatlantischen Beziehungen zum neuen Deutschland. Kennedy war ein Star, von dem sich die Europäer – gerade die jungen – Aufbruch erhofften. So wurde für seinen Auftritt nicht einfach das Pult beleuchtet, sondern die Scheinwerfer, so berichtete die *Frankfurter Allgemeine Zeitung*, legten schon vor Eintreffen des Präsidenten „einen Abglanz von Sonnenlicht […] auf die Kanzel aus glattem Stein, auf der die Mikrophone warten."[22] |04 Wenige Monate später wurde Kennedy ermordet, im Jahr darauf enthüllte die Stadt eine Gedenktafel an der Außenmauer der

Paulskirche. Die mediale Strahlkraft Kennedys haben seither wenige Politiker erreicht. An der Sprechstelle der Paulskirche standen und sprachen zahlreiche Persönlichkeiten aus Politik und Kultur. Besondere Aufmerksamkeit wird weithin den Preisverleihungen zuteil; hier erfüllt sich in besonderem Maße der Wunsch der Denkschrift von 1960, dass die Welt gewahr werden möge, dass es die „höchste Auszeichnung" bedeutet, wenn man Preisträgern „gestattet, in der Paulskirche zum deutschen Volk zu sprechen."[23] Wie die Debatten um manche Preisträger zeigen, wurde die Vergabe dieser Auszeichnung von der Öffentlichkeit durchaus wahrgenommen. Die Verleihung des Friedenspreises an den senegalesischen Präsidenten Léopold Sédar Senghor rief 1968 Proteste hervor, in deren Folge der Frankfurter Sponti Daniel Cohn-Bendit für das Überspringen einer Polizeiabsperrung zu acht Monaten Haft auf Bewährung verurteilt wurde. Im Jahr 1982 führte die Verleihung des Goethepreises an den Schriftsteller Ernst Jünger zu hitzigen Diskussionen, 1995 sorgte die Islamwissenschaftlerin Annemarie Schimmel mit einer missverständlichen Äußerung zur Fatwa gegen Salman Rushdie für Aufregung. 2012 kam es zum Streit um Judith Butler als Adorno-Preisträgerin; der Zentralrat der Juden warf der Philosophin vor, sie hätte zum Boykott Israels aufgerufen und Hamas wie Hisbollah als legitime soziale Bewegungen bezeichnet.

Es ist eine wichtige Frage, wer überhaupt an der Sprechstelle reden darf, denn es ist nicht nur eine Ehre, sondern auch ein Garant für Aufmerksamkeit. Dementsprechend besetzte das globalisierungskritische Netzwerk Attac am 15. September 2018 die Paulskirche, um an diesem „symbolträchtigen Ort über die zentrale demokratische Frage zu diskutieren: In welcher Gesellschaft wollen wir leben?"[24] Man erstritt sich den Zugang zur Sprechstelle, die man – einmal gekapert – zwar ebenfalls als Sendepunkt einer Ansprache nutzte, dann aber zugunsten von Podiums- und Gruppendiskussionen verließ. |06

Die Friedenspreisträger des Deutschen Buchhandels 2018 Aleida und Jan Assmann brachten es auf den Punkt, als sie die Paulskirche als einen „Resonanzraum" bezeichneten, der das „Geister-Gespräch" von „Schriftstellern, Druckern, Verlegern, Buchhändlern und Lesern" in den „öffentlichen Raum" trage.[25] Die Sprechstelle wird dabei zum Eingangsportal: „Indem wir hier stehen, treten wir in diesen Resonanzraum ein",[26] sagten die Assmanns am Pult. Von hier aus dringen ihre Worte zugleich ins Paulskirchen-Oval und in die mediale Öffentlichkeit, die ARD überträgt live.

Das mediale Dispositiv einer Friedenspreisrede hatte Martin Walser 1998 auf den Punkt gebracht. Eigentlich habe er dreißig Minuten lang nur „Bäume rühmen" wollen, die er „durch absichtsloses Anschauen seit langem kennt"[27], begann Walser seine Rede. Aber ach: „Ein Sonntagsrednerpult, Paulskirche, öffentlichste Öffentlichkeit, Medienpräsenz, und dann etwas Schönes!"[28], das sei unmöglich gewesen. Walser sprach stattdessen über die Instrumentalisierung des Holocaust und

the building more seriously. The treatise mentions the speeches held during the Peace Prize awards ceremony as a good example.[21]

**Who is Allowed to Speak? –
The Lectern as a Gateway to the Public**

The most prominent speaker in the Paulskirche was President John F. Kennedy. On June 25, 1963 he spoke there on transatlantic relations to the new Germany. Kennedy was a superstar, and Europeans, in particular the younger ones, hoped he would bring change. Thus, for his speech not only the lectern was illuminated, but even before he arrived, as the daily *Frankfurter Allgemeine Zeitung* reported, spotlights cast "a sense of sunlight […] on the pulpit of smooth stone, where the microphones awaited him."[22] |04 Kennedy was assassinated only a few months later, and the following year the city unveiled a commemorative plaque on the outside wall of the Paulskirche. Few politicians have since matched Kennedy's media presence. Countless outstanding protagonists of the worlds of politics and culture have since stood at the speaking point in the Paulskirche. Particular attention is still garnered by the various prize-giving ceremonies. The wish stated in the treatise of 1960 that the world should please sit up and take note that the "ultimate honor" is to grant the prize-winner "the right to speak to the people of Germany from the lectern in the Paulskirche" is definitely being fulfilled in this regard.[23] And the controversy surrounding the one or other choice of prize-winner shows that such awards are most clearly noticed by the general public. The awarding of the Peace Prize to Senegalese President Léopold Sédar Senghor in 1968 triggered protests, in the course of which Frankfurt student leader Daniel Cohn-Bendit was sentenced to eight months' probation for jumping over a police barricade. In 1982, the Goethe Prize was bestowed on writer Ernst Jünger, which led to very heated discussions, and in 1995 the Islamic scholar Annemarie Schimmel caused a stir with a statement on the fatwa against Salman Rushdie that left room for misinterpretation. In 2012, there was a dispute over the choice of Judith Butler as the Adorno Prize winner: The Central Council of Jews in Germany accused the philosopher of having called for a boycott of Israel and of having termed Hamas and Hezbollah legitimate social movements.

One important question is who may even speak from the speaking point, as it is not only an honor, but also guarantees one the limelight. Accordingly, on September 15, 2018, the globalization-critical network Attac

occupied the Paulskirche to "discuss the central democratic question in this symbolic place: In which society do we want to live?"[24] They gained access to the speaking point, which—once captured—was likewise used for delivering a speech, but was then abandoned in favor of panel and group discussions. |06
The winners of the 2018 Peace Prize of the German Book Trade, Aleida and Jan Assmann, got to the heart of it when they termed the Paulskirche a "resonance chamber" that takes the "ghostly conversation" between "authors, printers, publishers, booksellers and readers" out into the "public sphere."[25] The speaking point thus becomes a gateway: "By standing here we are entering that resonance chamber,"[26] the Assmanns said standing at the lectern. From here, their words disseminated into the oval of the Paulskirche and into the public media space, as the TV broadcast the event live.
The media dispositif of a Peace Prize speech was put succinctly by Martin Walser in 1998. He had in fact wanted simply to spend 30 minutes "praising trees" that "he had known for a long time by unintentionally watching them,"[27] as Walser started his speech. But oh: "A pulpit for Sunday speakers, the Paulskirche, the most public of public spaces, the media's presence, and then something beautiful!"[28] Instead, Walser spoke about the instrumentalization of the Holocaust and the use of Auschwitz as a "moral cudgel."[29] Walser later said it had been a "terrible misunderstanding!!!" that Ignatz Bubis, present at the event and chairman of the Central Council of Jews in Germany, and others had thought he meant the representation of Jewish concerns.[30]
It is paradoxical that the Paulskirche as a resonance chamber of the bourgeois public sphere has traditionally had bad acoustics, which as long ago as 1848 led to misunderstandings among the parliamentarians. The group of architects who were in charge of its rebuilding also complained about the poor "listening quality" and in 1960 hoped for solutions by the "electro-acoustic industry."[31] Anyone who spoke from the speaking point was heard in the media resonance chamber; within the actual hall the echo was too long and thus impaired the words' intelligibility. The problem was overcome with the conversion works in 1966 and 1988,[32] which is why misunderstandings since then can hardly be attributed to the acoustics of the place. The only risk that remains is that anyone who stands at the speaking point and addresses the audience is seen and heard. In this regard it is the gateway to a resonance chamber that strengthens the words and, just as the architects wanted, ensures they are publicly heard "far and wide."

die Abnutzung von Auschwitz als „Moralkeule"[29]. Dass der anwesende Ignatz Bubis, der Vorsitzende des Zentralrates der Juden, und andere glaubten, er hätte die Vertretung jüdischer Belange gemeint, sei „ein schreckliches Missverständnis!!!"[30] gewesen, so Walser später.
Es ist ein Paradoxon der Paulskirche als Resonanzraum der bürgerlichen Öffentlichkeit, dass die traditionell schlechte Akustik des Baus schon 1848 zu Missverständnissen unter den Parlamentariern führte. Die schlechte „Hörsamkeit" beklagte auch die Architektengruppe des Wiederaufbaus, man setzte 1960 Hoffnungen in die Lösungen der „elektro-akustischen Industrie".[31] Wer von der Sprechstelle aus sprach, wurde im medialen Resonanzraum gehört; im Kirchenraum selbst hallte es zu lange nach, um richtig verstanden zu werden. Das Problem wurde mit den Umbauten 1966 und 1988 behoben,[32] weswegen Missverständnisse kaum mehr auf die Raumakustik geschoben werden können. Es bleibt einzig ein Risiko: Wer an der Sprechstelle der Paulskirche steht und spricht, wird gesehen und gehört. In diesem Sinne ist sie Eingangsportal eines Resonanzraums, der die Worte verstärkt und sie, wie die Architekten es wünschten, „weit hinaus" in die Öffentlichkeit trägt.

1. See also Thomas Bauer in this book, pp. 44–67.
2. Das Bundesarchiv (ed.), *Welt im Film 157/1948*, (May 28, 1948), https://www.filmothek.bundesarchiv.de/video/583589?set_lang=de (last accessed March 14, 2019).
3. "Fritz von Unruh kommt," in: *Der Spiegel*, no. 5, (1947), p. 19.
4. Cf. Fritz von Unruh, "Rede an die Deutschen," in: von Unruh, *Mächtig seid ihr nicht in Waffen. Reden*, (Nuremberg, 1957), pp. 141–76.
5. Ibid., p. 166.
6. Planungsgemeinschaft Paulskirche (Rudolf Schwarz, Johannes Krahn, Gottlob Schaupp & Eugen Blanck), *Die neue Paulskirche, in: Die neue Stadt*, no. 3, (1948), pp. 101–04, here p. 102.
7. Ibid., p. 104.
8. Cf. Michael Falser, *Zwischen Identität und Authentizität. Zur politischen Geschichte der Denkmalpflege in Deutschland*, Ph.D. thesis. TU Berlin, (Dresden, 2008), pp. 79–80.
9. Planungsgemeinschaft 1948 (see note 6), p. 102.
10. Ibid.
11. Ibid., p. 104.
12. Cf. Falser (see note 8), pp. 81–82.
13. These were the words of the then Vice-President of the Bundestag, Carlo Schmid, in 1964 in his speech in praise of Gabriel Marcel as the recipient of the Peace Prize.
14. Johan Schloemann, "Warum Kermanis Aufforderung zum Gebet ein unerträglicher Übergriff war," in: *Süddeutsche Zeitung*, (October 20, 2015), https://www.sueddeutsche.de/kultur/oeffentliches-beten-so-geh-in-dein-kaemmerlein-1.2699166 (last accessed April 24, 2019).
15. "Bis ins hohe Alter," in: *Der Spiegel*, no. 42, (1951), pp. 12–13, here p. 13.
16. See also Annette Krapp in this book, pp. 76–93.
17. Planungsgemeinschaft Paulskirche, *Denkschrift zur Fortsetzung des Wiederaufbaus der Paulskirche*, 1960, p. 9 / p. 13, ISG, Estate of Eugen Blanck, S1-177/22.
18. Ibid., p. 4.
19. Ibid.
20. Ibid.
21. Cf. ibid., p. 5.
22. "Die Stunde in der Paulskirche," in: *Frankfurter Allgemeine Zeitung*, (June 26, 1963).
23. Planungsgemeinschaft 1960 (see note 17), p. 5.
24. Attac Germany, *Her mit der Demokratie! Attac-Aktivisten besetzen Frankfurter Paulskirche*, press release, (September 15, 2018), https://www.attac.de/startseite/detailansicht/news/her-mit-der-demokratie-attac-aktivisten-besetzen-frankfurter-paulskirche/ (last accessed April 16, 2019).
25. Aleida Assmann & Jan Assmann, *Wahr ist, was uns verbindet!*, (2018), https://www.friedenspreis-des-deutschen-buchhandels.de/1244997/ (last accessed March 15, 2019).
26. Ibid.
27. Martin Walser, *Erfahrungen beim Verfassen einer Sonntagsrede*, (1998, with a postscript in 2017), p. 9, https://www.friedenspreis-des-deutschen-buchhandels.de/sixcms/media.php/1290/1998_walser_mit_nachtrag_2017.pdf (March 15, 2019).
28. Ibid.
29. Ibid., p. 12.
30. Ibid., p. 14.
31. Planungsgemeinschaft 1960 (see note 17), pp. 7–8.
32. See also Annette Krapp in this book, pp. 76–93.

|06 Besetzung der Paulskirche durch das globalisierungskritische Netzwerk Attac, 15. September 2018

|06 The globalization-critical network Attac occupies the Paulskirche, September 15, 2018

HAT WIEDERAUFBAU DENKMALWERT?
DIE PAULSKIRCHE IM REIGEN NACHKRIEGSZEITLICHER ARCHITEKTURIKONEN
DO REBUILT STRUCTURES HAVE MONUMENT-VALUE?
THE PAULSKIRCHE AMID THE RANKS OF POST-WAR ARCHITECTURAL ICONS

Michael Falser

When Alois Riegl, the first General Conservator of the Habsburg Monarchy, presented his groundbreaking study "The Modern Cult of Monuments" in 1903, the world was very different to today.[1] On the threshold of the 20th century, Riegl was able to naturally draw on a substantial stock of heritage buildings that had developed over time and on the basis of which he disseminated his theory of monument-value. In it, he makes a distinction between two overarching categories: the (historical) commemorative value and the (current) present-day value. A central element of the first category of commemorative value was the "age-value" which, alongside the superficial patina, also embodied the historical nature of the "emerged monument" as the intellectual dimension in the cycle of the emergence and demise of human creations. The first category also included the "historical value" that a monument represented as an irreplaceable link in the continuous chain of art and architectural history. Lastly, it covered the "intended commemorative value" of a structure, which would not be assigned retrospectively, but rather constituted by the historically aware inclusion of a commemorative mark. In the second category of present-day values, Riegl termed the "use-value," which is evident from the full functionality and usability of the structure, as well as the "art-value," which he subdivides into "newness-value" (completeness of form as a quality in itself) and "relative art-value." The latter was applied dynamically, since as a present-day value, it relates to the fact that each monument is reappraised time and again according to the *Kunstwollen*, the notion of art specific to the particular prevailing generation of the day.

Yet what Riegl was not able to foresee was the unprecedented extent and speed with which the new destructive technologies of World War II were able to reduce entire inner cities to veritable ruins within a matter of hours. In the decade after 1945, architects, town planners and heritage officers sought solutions for breathing new life into the (partly) destroyed individual buildings, complexes and entire stretches of the cities. This effort spawned an impressive breadth of architectural solutions between the extreme poles of complete demolition and (supposedly) faithful reconstruction of the old. Nevertheless, it is precisely these projects which—half a century after their implementation—we often find to be hard-to-place, downright cumbersome elements in the dynamic urban fabric. Why is that?

Projects from the immediate post-war period struggle to gain public attention and support in the competitive architectural environment of today. First of all, the limited availability of

Als Alois Riegl, erster Generalkonservator der Donaumonarchie, 1903 die bahnbrechende Studie *Der moderne Denkmalkultus* vorlegte, war die Welt eine andere als heute.[1] An der Schwelle zum 20. Jahrhundert konnte er noch wie selbstverständlich von einem Bestand historisch gewachsener Baudenkmäler ausgehen, anhand derer er seine Denkmalwert-Theorie ausbreitete. Dabei unterschied er in zwei Überkategorien: in die (historischen) Erinnerungswerte und die (aktuellen) Gegenwartswerte. Zentral in der ersten Kategorie der Erinnerungswerte war der „Alterswert", der neben oberflächlicher Patina auch die Geschichtlichkeit des „gewordenen Denkmals" als die geistige Dimension im Zyklus von Werden und Vergehen menschlicher Schöpfung verkörperte; zur ersten Kategorie gehörten auch der „historische Wert", der ein Denkmal als unentbehrliches Glied in einer kontinuierlichen Entwicklungskette der Geschichte der Kunst und Architektur profilierte, und der „gewollte Erinnerungswert" eines Bauwerks, der nicht retrospektiv zuerkannt, sondern durch eine historisch bewusst gesetzte Erinnerungsmarke konstituiert würde. In die zweite Kategorie der Gegenwartswerte platzierte Riegl den „Gebrauchswert", der in der vollen Funktionalität und Nutzbarkeit des Bauwerks sichtbar würde, und den „Kunstwert", den er in den „Neuheitswert" (formale Geschlossenheit als Qualität für sich) und den „relativen Kunstwert" aufsplittete. Letzterer war dynamisch angelegt, denn er verdeutlichte als Gegenwartswert die Tatsache, dass jedes Denkmal im „Kunstwollen" der jeweils gegenwärtigen Generation immer wieder neu bewertet wird.

Doch was Riegl nicht ahnen konnte: In vormals nicht gekanntem Maße und nie dagewesener Geschwindigkeit wurden durch die neuen Zerstörungstechniken des Zweiten Weltkriegs ganze Innenstädte binnen weniger Stunden zu veritablen Ruinenlandschaften. Was heute unter dem Begriff Wiederaufbau zu Buche steht, bildet jenes Dezennium nach 1945 ab, in dem Architekten, Städteplaner und Denkmalpfleger nach Lösungen suchten, den (teil-)zerstörten Einzelbauten, Ensembles und ganzen Stadtstrukturen neues Leben einzuhauchen. Dabei brachte der Wiederaufbau zwischen den Extrempositionen von Komplett-Abriss und Voll-Rekonstruktion eine beeindruckende Bandbreite von architektonischen Lösungen hervor, die im Zentrum dieses Beitrags stehen. Doch sind es gerade diese Wiederaufbau-Projekte, die uns – ein halbes Jahrhundert nach ihrer Umsetzung – als oftmals schwer lesbare, ja geradezu behäbige Elemente im dynamischen Stadtraum begegnen. Woran liegt das?

Wiederaufbau-Projekte der unmittelbaren Nachkriegszeit haben es heute im architektonischen Wettstreit um öffentliche Aufmerksamkeit und Unterstützung schwer. Erstens weisen sie aufgrund der nach 1945 nur begrenzt zur Verfügung stehenden Baumaterialien, -techniken, -kräfte und -finanzen in ihrer architektonischen Struktur eine extreme Fragilität auf, deren denkmalpflegerischer Schutz nicht immer Priorität genießt und die durch ein (meist verhässlichendes) Weiter-, An- und

Umbauen schleichend zunimmt. Zweitens klingt uns ihre nachkriegszeitliche Formensprache von Bescheidenheit und Mahnhaftigkeit heute seltsam entrückt, denn wir haben ihr Vokabular verloren. Und drittens fehlt es ihnen in der Konkurrenz mit unterkomplex strukturierten, schnell verständlichen Sofort-Konsumwelten (dazu gehören perfektionierte Shoppingzentren genauso wie Kampagnen für bauliche Vollrekonstruktionen von „guten alten Zeiten") an wort- und finanzkräftigen Unterstützern.

Doch ein weiterer Grund kommt hinzu: Die Denkmalwerte der Wiederaufbauprojekte sind extrem komplex. Das liegt daran, dass in ihnen die eingangs erwähnten Denkmalwerte Alois Riegls für die kurze Zeitspanne nach der „Stunde Null" von 1945 seltsam durcheinandergewürfelt erscheinen, sich an ein und demselben Bau sogar scheinbar widersprüchlich überlagern. Mit Blick auf die nachkriegszeitlichen Wiederaufbau- und Weiterbau-Motive der Frankfurter Paulskirche zwischen Kriegsschuld-Gedenken und neuem Demokratieverständnis[2] lassen sich Riegls Erinnerungswerte nicht mehr mit eindeutigen Antworten bespielen: Welcher Alterswert im Bauwerk soll nun die Geschichtlichkeit im Zyklus von (welchem) Werden und (welchem) Vergehen transportieren? Was sollte damals und was kann heute noch erinnert werden: der überkommene Originalbau oder der Wiederaufbau mit der (schmerzhaften oder versöhnlichen, plakativen oder subtilen) Zurschaustellung bzw. künstlerischen Aneignung baulicher Fragmentierung nach der Kriegszerstörung? Welchen historischen Wert kann ein kriegsfragmentiertes Bauwerk für die Kunst- und Architekturgeschichte haben? Und liegt der gewollte Erinnerungswert heute in einer nachkriegszeitlichen Ruinen-Ästhetik oder würden die dem Außenbau angesetzten Hinweistafeln zur einstigen Zerstörung und Schuld auch an einem vollrekonstruierten Bauwerk genügen? Auch Riegls Gegenwartswerte machen die Suche nach Wert und Unwert der Frankfurter Nachkriegs-Ikone nicht leichter. Zum Gebrauchswert: wieder Kirche oder weiterhin baulicher Rahmen Demokratie fördernder Festakte? Wiederherstellung der vollen Funktionalität des (teil-)zerstörten Bauwerks durch Reparatur, Weiterbauen bzw. Anbauen – oder DIN-Norm-gerechter Neubau mit Neuheitswert, (endlich) befreit von lästiger Kriegskommemoration und (endlich) authentisch als selbstbewusster Exponent zeitgenössischer Baukultur?

Auf den Punkt gebracht ist es gerade die ambivalente – mehrdeutige – Denkmalwert-Konfiguration der Frankfurter Paulskirche, die sie in ihrem heutigen Zustand so besonders macht. Sie hat, wie die folgenden Vergleichsbeispiele ebenfalls, noch jene Aussagekraft über die kulturpolitische und baukünstlerische Situation unmittelbar nach der epochalen Zeitmarke von 1945, die zu den elementarsten Einschnitten der deutschen Geschichte zählt. Gelingt es der kreativen Architektenschaft, einer aufgeklärten Kunsthistorikerzunft, vorausschauender Denkmalpflege, gut informierter Kulturpolitik und der beteiligten Zivilgesellschaft

construction materials, techniques, workers and funding after 1945 led to extreme fragility. The protection of this heritage was not always given high priority, and its condition gradually worsens as a result of the buildings' further development, extension and conversion (often to detrimental aesthetic effect). Second of all, to us their post-war design language of modesty and admonition today appears somewhat far removed, since the vocabulary has been lost to us. And finally, when having to compete with simplistically structured, easily comprehensible immediate consumer worlds (e. g. perfectly presented shopping centers and campaigns for architecturally faithful reconstructions from "the good old days"), they lack supporters with the necessary strength of voice and funds.

Yet there is another reason too: The monument-values of reconstructed and rebuilt structures are extremely complex. This is due to the fact that, in them, the above-mentioned values as identified by Alois Riegl appear to have become strangely muddled for the brief time period following the "Zero Hour" of 1945, seemingly overlapping one another in contradictory fashion in one and the same building. With regard to the intentions behind the post-war rebuilding and further development of Frankfurt's Paulskirche for example, which lie somewhere between reminding Germans of their war guilt and symbolizing a new understanding of democracy,[2] Riegl's commemorative values can no longer be elaborated on with straightforward answers: What age-value is its historical nature supposed to convey in the cycle of (which) emergence and (which) demise? What was intended for commemoration at the time and what can still be commemorated today? Is it the traditional original building or the rebuilt version with the (painful or conciliatory, bold or subtle) revelation and/or artistic appropriation of structural fragmentation after the wartime destruction? What historical value can a fragmented structure have for art and architectural history? And does the intended commemorative value now lie in an aesthetic of post-war ruins, or would the information plaques attached to the outside of a replica-reconstructed edifice be sufficient to demonstrate its one-time destruction and guilt? Riegl's present-day values also make the search for value or the lack thereof more difficult where this Frankfurt post-war icon is concerned. As for the use-value: Should it be made a church again or remain an architectural setting for celebrations to promote democracy? Is it better to recreate the full functionality of the (partly) destroyed structure through repair, further construction and/or extension, or to start a DIN-compliant new construction with the attendant value of the new, (ultimately) free of the burden of commemorating war and (ultimately) authentic as a self-assured exponent of contemporary building culture?

What makes today's Paulskirche so special is veritably epitomized in this ambiguous monument-value configuration. Like the following comparative examples, it still represents the state of cultural policy and architecture immediately after the epochal turning point of 1945, one of the great caesuras in German history. Will the Paulskirche prevail as a source of multiple interpretations? It is up to the creative architects, the enlightened art historians, foresighted heritage conservationists, well-informed cultural policymakers and the participation of civil society to recognize that the buildings in question have monument-value sui generis, to protect and present them as a unique cultural resource beyond the simmering pressure for change. It is precisely this that Alois Riegl called the "relative art-value" of the monument: a dynamic concept of the *Kunstwollen*, which is formed anew by each generation in a democratic society defined by a pluralism of opinions.

In this process of negotiation, topical once again today, it is exciting, reassuring, and informative to study the historical arguments relating to demolition, creative rebuilding and extension, manifestations of moral sorrow and commemoration, and exact reconstructions pretending to heal historical wounds, in the (two) German discourses post-1945.[3] It is interesting to note that even immediately after the War, architects produced small handbooks on how to deal with ruins from a purely conceptual point of view. Walther Schmidt's instructions on "Building with Ruins,"[4] published in 1949, was one of these. |01 In order to make the multifaceted value of this veritable monument genre tangible from today's perspective, however, seven categories should be highlighted in succinct form here. These can help with better historical categorization of the outstanding value of the post-war Paulskirche and provide a more substantive defense against the rage to reconstruct imagined (pre-war) states of perfection instead of preserving those multifaceted possibilities to explore the existing building.[5]

Demolition of Ruins with or without Subsequent Construction

No construction site in Germany illustrates the drama of post-war demolition of a wartime ruin through to today's heated debates about subsequent construction quite as manifestly

gemeinsam, die Vielschichtigkeit der immer wieder neuen Les- und Befragbarkeiten an ein und demselben Bauwerk namens Paulskirche offen zu halten, sie als Denkmalwert sui generis zu erkennen, zu schützen und über den schwelenden Veränderungsdruck hinweg als einzigartige kulturelle Ressource zu vermitteln? Genau das nannte Alois Riegl übrigens den „relativen Kunstwert" am Denkmal: ein dynamisches Konzept des in jeder Generation wieder neuformierten „Kunstwollens" innerhalb einer demokratischen, meinungspluralen Gesellschaft.

In diesem, auch heute wieder aktuellen Aushandlungsprozess ist es (ent-)spannend und lehrreich, die historischen Argumentationslinien um Abriss, kreativen Wiederauf- und Weiterbau, moralische Trauer- und Erinnerungsarbeit und angeblich geschichtsheilende Vollrekonstruktionen in den (zwei) deutschen Diskursen nach 1945 zu studieren.[3] Interessant ist, dass Architekten schon unmittelbar nach dem Krieg kleine Handbücher darüber erstellten, wie denn mit Ruinen aus rein konzeptueller Sichtweise umzugehen wäre. Walther Schmidts 1949 publizierte Handlungsanweisung *Bauen mit Ruinen*[4] war eines davon. |01 Um aber den vielschichtigen Denkmalwert dieser veritablen Denkmalgattung aus heutiger Sicht greifbarer zu machen, sollen hier stichpunktartig sieben Kategorien des Wiederaufbaus aufgezeigt werden. Sie können dazu beitragen, den herausragenden Wert der nachkriegszeitlichen Fassung der Frankfurter Paulskirche historisch besser einzuordnen und ihn gegen die jene vielschichtigen Befragungsmöglichkeiten zerstörende Rekonstruktionswut von imaginierten (vorkriegszeitlichen) Idealzuständen inhaltsvoller zu verteidigen.[5]

Abriss der Ruine mit oder ohne Folgebau

Kein Bauplatz in Deutschland bildet die Dramatik der Kette aus nachkriegszeitlichem Abriss einer Kriegsruine und der bis heute hitzig geführten Debatten um Nachfolgebauten so sinnfällig ab wie jener am Berliner Schlossplatz. Mit der Gründung zweier deutscher Staaten 1949 rückte die stark zerstörte Stadtmitte ins Zentrum der Planungen der DDR-Hauptstadt, und das beschädigte, aber durchaus wieder aufbaubare Stadtschloss wurde 1950 gesprengt |02, um einstweilen einer gigantischen Tribüne Platz zu machen. Erst in den 1970ern entstand dort der Palast der Republik (1973–76) |03, der wiederum kurz nach der deutschen Wiedervereinigung 1990 aus ebenso ideologischen Gründen geschlossen, schrittweise rückgebaut und letztlich abgerissen wurde (2006–08), um nach dramatischen Debatten in Bundestag und Zivilgesellschaft einem zweitklassigen Schlossfassadenbau mit Stahlbetonkern zu weichen. Zweifel an dieser doppelten Schleife ideologisch motivierter Abrisse, Neu- und Rekonstruktionsbauten sind bis heute jedoch mehr als angebracht.

|01 Walther Schmidt, *Bauen mit Ruinen*, 1949 |02 Sprengung des Berliner Stadtschlosses, 1950 |03 Projektierungskollektiv Mehrzweckgebäude (Heinz Graffunder), Palast der Republik, Ost-Berlin, 1973–76, abgerissen 2008, Foto: 1978

|01 Walther Schmidt, *Bauen mit Ruinen*, 1949 |02 Demolition of Berlin's City Palace, 1950 |03 Project Planning Collective Multi-Purpose Building (Heinz Graffunder), Palace of the Republic, East Berlin, 1973–76, demolished in 2008, photo: 1978

|04

|05

04 Ruine des Neuen Museums, Ost-Berlin, Foto: ca. 1985 | 05 David Chipperfield Architects / Julian Harrap Architects, Wiederaufbau des Neuen Museums, Berlin, 1997–2009, Foto: 2009

|04 Ruins of the Neues Museum, East Berlin, photo: c. 1985 | 05 David Chipperfield Architects / Julian Harrap Architects, Rebuilt Neues Museum, Berlin, 1997–2009, photo: 2009

Die liegen gebliebene, innerstädtische Ruine

Berlins berühmte Museumsinsel, in unmittelbarer Nähe zum Schlossplatz, war ebenfalls stark zerstört worden. Doch während deren andere Museumsbauten, wie z. B. das Pergamon-Museum, noch zu DDR-Zeiten nutzbar gemacht wurden, blieb das Neue Museum (1843–66) von Friedrich August Stüler ein halbes Jahrhundert lang eine innerstädtische Kriegsruine. |04 Nach ersten Sicherungsmaßnahmen noch vor der Wende endete 1993 ein Wettbewerb zum Wiederaufbau ohne zufriedenstellendes Ergebnis. Den zweiten Wettbewerb gewannen 1997 David Chipperfield und Julian Harrap mit einem Entwurf, der den extrem langen Ruinen-Status selbst als dem Gebäude heute eingeschriebenen Erinnerungswert zum Anlass nahm, das Museum in einer zeitgenössisch adaptierten Ruinenästhetik seinem ursprünglichen Gebrauchswert wieder zuzuführen (2009 wiedereröffnet). |05

Ein vergleichbares Schicksal traf das Bayerische Armeemuseum (1905) in München, das als Ruine erst ab den späten 1980er-Jahren in eine konkrete Umnutzungs- und Weiterbauplanung (seit 1993 Bayerische Staatskanzlei |07) überführt wurde. Einstweilen hatte sich die Zivilgesellschaft längst für die Sicherung und kriegserinnernde Bewahrung der Ruine ausgesprochen.

Ein prominentes Beispiel aus der damaligen DDR war die bis auf wenige Mauerreste kriegszerstörte Frauenkirche in Dresden (1726–43). Anders als die schlicht brachliegenden Ostberliner und Münchener Museumsruinen wurde sie ab den 1950er-Jahren schrittweise als staatliches Schuld- und Sühne-Mahnmal des Antifaschismus mit Bedeutung aufgeladen |06 (während z. B. der berühmte Zwinger vollrekonstruiert wurde); so entging sie der Tabula rasa des DDR-modernistischen Stadtumbaus. Ihr kriegszeitlicher Alters- und Erinnerungswert (nach Riegl) machte die Kriegsruine seit den 1980er-Jahren zum Ort von friedlichen Demonstrationen gegen die Staatsobrigkeit. Nach der Wiedervereinigung initiiert, nahm die sogenannte archäologische Rekonstruktion der Frauenkirche (fertiggestellt 2005) die Ruinenmauern und geretteten, kriegsbrandgeschwärzten Mauersteine in ihren wiedererstandenen Gebrauchswert als Sakralbau auf.

Ruinenerhalt und kommentierender Gegenbau

Während Ostberlin seine Hauptstadtplanung im historischen Zentrum vorantrieb, entwickelte sich die West-City um den neugetauften Breitscheidplatz mit der stark kriegszerstörten Kaiser-Wilhelm-Gedächtniskirche (1891–1906). Ihr Wiederaufbau wurde bis Ende der 1950er-Jahre kontrovers diskutiert. Letztendlich konnte Egon Eiermann mit einem oktogonalen Kirchenraum, einem sechseckigen Glockenturm und einer rechteckigen Kapelle drei kommentierende Neubauten (1959–63) realisieren, die zusammen mit der gehaltenen Turmruine zu

as that of Berlin's Schlossplatz. With the establishment of two German states in 1949, the severely damaged city center became the focus of plans for the East German capital. The City Palace, which was damaged but could have been rebuilt, was blown up in 1950 |02 to make way, provisionally, for a gigantic parade square. It was only in the 1970s that the so-called Palace of the Republic (1973-76) was erected there |03, only, in turn, to be closed shortly after German reunification in 1990 for similarly ideological reasons. It was then gradually dismantled and ultimately demolished (2006-08) to make way this time for a second-rate palace façade structure with a reinforced concrete core, following dramatic debates in the Bundestag and in civil society. Doubts about this double loop of ideologically motivated demolition, new buildings and reconstructions nevertheless remain more than applicable today.

The Inner-City Ruins Left in Situ

Berlin's famous Museumsinsel, in the immediate vicinity of the Schlossplatz, was likewise severely damaged. Yet while its other museum buildings, such as the Pergamon Museum, were made usable once again under East German rule, the Neues Museum (1843-66) by Friedrich August Stüler remained an inner-city wartime ruin for half a century. |04 After initial measures to secure the site before reunification, a competition for the rebuilding ended with no satisfactory result in 1993. The second competition was won by David Chipperfield and Julian Harrap in 1997 with a design that utilized the building's prolonged period in ruins as an inherent commemorative value. Consequently, the museum was given back its original use-value within a ruin-like aesthetic adapted for contemporary purposes (reopened 2009). |05

A comparable fate met the Bavarian Army Museum (1905) in Munich, which was left in ruins up until the late 1980s, when it underwent specific repurposing and further development (since 1993 the building has housed the Bavarian State Chancellery |07). Yet civil society had long since advocated securing and preserving these ruins as a memorial against war.

One prominent example from former East Germany was the Frauenkirche in Dresden (1726-43), which wartime bombs had reduced to nothing but a few ruined walls. Unlike the ruins of the museums in East Berlin and Munich, which were simply left as they were, the site gradually gained significance as a state memorial of guilt and atonement born of antifascism |06 (while, for example, the

|06

|07

06 Ruine der Frauenkirche, Dresden, Foto: 1958 |07 Diethard J. Siegert / Reto Gansser, Umbau der Ruine des Bayerischen Armeemuseums zur Bayerischen Staatskanzlei, München, 1982-93, Foto: 2014

|06 Ruins of the Frauenkirche, Dresden, photo: 1958 |07 Diethard J. Siegert & Reto Gansser, Conversion of the ruins of the Bavarian Army Museum into the Bavarian State Chancellery, Munich, 1982-93, photo: 2014

|08

|09

|08 Basil Spence, Wiederaufbau der Coventry Cathedral, Großbritannien, 1951-62, Cover *Out of the Ashes*, 1963 |09 Egon Eiermann, Wiederaufbau der Kaiser-Wilhelm-Gedächtniskirche, West-Berlin, 1959-63, Foto: ca. 1963

|08 Basil Spence, Rebuilt Coventry Cathedral, UK, 1951-62, cover *Out of the Ashes*, 1963 |09 Egon Eiermann, Rebuilt Kaiser Wilhelm Memorial Church, West Berlin, 1959-63, photo: c. 1963

famous Zwinger was completely reconstructed as a replica). Thus it escaped the "clean slate" of East Germany's Modernist urban redevelopment. Because of its wartime age- and commemorative value (according to Riegl) this ruin became a place of peaceful demonstration against state authority from the 1980s onwards. Initiated after reunification, the so-called archaeological reconstruction of the Frauenkirche (completed in 2005) incorporated the ruined walls and the salvaged stones, blackened by wartime fire, into the structure's resurrected use-value as a sacred building.

Preservation of Ruins and Commentarial Counter-Construction

While East Berlin pressed ahead with the urban development of the capital's historical center, the west part of the city pursued development around the newly inaugurated Breitscheidplatz with the severely war-damaged Kaiser Wilhelm Memorial Church (1891–1906), the rebuilding of which was the subject of heated debate right up to the end of the 1950s. Eventually Egon Eiermann was able to create three new edifices (1959–63) that commented on the situation: an octagonal hall of worship, a hexagonal bell tower, and a rectangular chapel; these merged with the preserved tower ruins to form a unique commemorative complex. |09 Eiermann's plain, steel-framed structures with the "broken tooth" of the ruined, stone-built tower developed into an icon of the city and the nation as well as a "symbol of a lost center," similar to Britain's Coventry Cathedral (1951–62), destroyed by the Germans during the War and redeveloped by Basil Spence. |08
Somewhat less radical was the reconstruction of the Gürzenich in Cologne (1952-55). Here, architects Karl Band and Rudolf Schwarz succeeded in creating an impressive central structure to join the formerly medieval, prestigious Gürzenich building and the ruins of the neo-Gothic St. Alban's Church to form a new *gesamtkunstwerk*. |10 |11

Contemporary Integration of Ruins That Remain Visible

In Munich, Hans Döllgast, architect and professor at the city's Technical University, succeeded in preventing the threatened demolition of the museum Alte Pinakothek (1836), designed by Leo von Klenze. He integrated modern architectural elements into the wartime ruins, which nevertheless remained visible. With slender steel supports and a simple, new roof structure, the ruins were secured and their former use-value then gradually restored

einem einzigartigen Gedächtnisraum verschmolzen. |09 Die schlichten Stahlskelettbauten Eiermanns mit dem „hohlen Zahn" der steinernen Turmruine entwickelten sich, vergleichbar der von den Deutschen im Weltkrieg zerstörten und von Basil Spence ähnlich umgestalteten englischen Coventry Cathedral (1951–62) |08, zu einer stadt- und landesweiten Ikone und zum „Zeichen für eine verlorene Mitte".

Weniger radikal war der Wiederaufbau des Gürzenich in Köln (1952–55). Den Architekten Karl Band und Rudolf Schwarz gelang es, mit einem beeindruckenden Mittelbau den namensgebenden, ehemals spätmittelalterlich-bürgerlichen Repräsentationsbau und die Ruine der neogotischen St. Alban-Kirche in einem neuen Gesamtkunstwerk zusammenzubinden. |10 |11

Die zeitgenössische Integration der sichtbar bleibenden Ruine

In München setzte sich Hans Döllgast, Architekt und Professor an der dortigen TH, gegen den drohenden Abriss der Alten Pinakothek (1836) von Leo von Klenze ein. Er integrierte moderne Architekturelemente in die sichtbar bleibende Kriegsruine. Mit schlanken Stahlrohstützen und einem einfachen, neuen Dachtragwerk wurde die Ruine gesichert und dann schrittweise ihrem ehemaligen Gebrauchswert wieder zugeführt (1951–57). |12 Döllgast verlegte die zentrale Treppenerschließung in den zerstörten Südbereich, schuf eine neue Belichtung und schloss die Kriegswunden der Fassaden mit beinahe gleichfarbigen Trümmerziegeln zu unverputzten Wandflächen.

Zur selben Kategorie zählt auch Gottfried Böhms Wiederaufbaulösung der Kapelle „Madonna in den Trümmern" (1947–50), die er aus der Ruine der mittelalterlichen Basilika St. Kolumba heraus entwickelte. |14 Im Krieg war neben Teilen der Außenmauern und dem Turmstumpf eine Madonnenstatue mit Kind an einem Chorpfeiler erhalten geblieben. Sie wurde nach 1945 zum Symbol des (Über-)Lebens, zum Zentrum der neuen Kapelle und gab so dem Projekt im zeitgenössischen Demutsgestus seinen Namen.

Etwa zur gleichen Zeit realisierte Gottfrieds Vater Dominikus Böhm mit dem Wiederaufbauprojekt von St. Josef in Duisburg (1948–50) eine radikalere Lösung, indem er ein kriegsüberdauertes Seitenschiff der neogotischen Hallenkirche in einen Neubau integrierte. |15

Die zeitgenössische Aneignung der formalen Qualitäten der Ruine

Nach langen Diskussionen erhielt Döllgasts Schüler Josef Wiedemann erst in den 1960er-Jahren den Auftrag zum Wiederaufbau der Münchener Glyptothek (1964–72) und eignete sich die formalen Qualitäten der Ruine mit zeitgenössischen Mitteln an. Von Leo von Klenzes vormals klassizistischem Prunkbau war lediglich die Mauersubstanz im Wesentlichen erhalten. Im Vergleich zu Döllgast, der bei der Alten Pinakothek

|10 Foyer des Gürzenich mit hereinragender Kirchenruine, Foto: ca. 2007
|11 Rudolf Schwarz / Karl Band, Wiederaufbau des Gürzenich, Köln, 1952–55, Foto: 1957 |12 Hans Döllgast, Wiederaufbau der Alten Pinakothek, München, 1951–57, Foto: 2012

|10 Foyer of the Gürzenich with church ruins protruding into it, photo: c. 2007
|11 Rudolf Schwarz / Karl Band, Rebuilt Gürzenich, Cologne, 1952–55, photo: 1957 |12 Hans Döllgast, Rebuilt Alte Pinakothek, Munich, 1951–57, photo: 2012

|13 Peter Zumthor, Kolumba, Cologne, 1997–2007, photo: 2010 |14 Gottfried Böhm, Chapel "Madonna of the Ruins," Cologne, 1947–50, photo: 1956/57 |15 Dominikus Böhm, Rebuilt St. Joseph's Church, Duisburg, 1948–50, photo: c. 1962

die Kriegswunde konstruktiv wie ästhetisch abbildete, folgte Wiedemann einer puristisch-nüchternen Formensprache des Wiederaufbaus: Zwar diente ihm die Geschichtlichkeit der Kriegszerstörung als Ausgangspunkt, jede zunächst sichtbare Spur der Vernichtung verschwand jedoch hinter einer der modernen Ausstellungsästhetik verpflichteten weißen Schlämme. |16|17

Diese Gesamtstrategie machte das Projekt konzeptionell mit dem Wiederaufbau der Frankfurter Paulskirche durch die Planungsgemeinschaft Schwarz / Krahn / Schaupp / Blanck vergleichbar. Hier sahen die Architekten die Urform des Baus durch die Kriegskatastrophe quasi modernistisch von jedem unnötigen Zierrat bereinigt hervorgetreten und bereit zur nachkriegsmodernen Aneignung.[6]

Wenn man den Blick von Objekten auf Ensembles weitet, so lässt sich hier auch der Münsteraner Prinzipalmarkt anführen, dessen geschichts- und traditionsbewussten Wiederaufbau (1947–58) man ebenfalls als eine zeitgenössische Aneignung der formalen Ruinenqualität bezeichnen kann: Die berühmte Häuserzeile wurde nicht im Detail rekonstruiert, sondern in ihrer formalen Stadtbildqualität und nach alter Parzellenstruktur sinngemäß in schlichter Nachkriegsästhetik interpretiert. |20

Teilrekonstruktion von erhaltener Originalsubstanz mit neuen Ergänzungen

Obwohl die DDR in der Mitte ihrer Hauptstadt Berlin ein Schloss abriss und das Neue Museum als Ruine verkommen ließ, war die Wiederherstellung der Prachtstraße Unter den Linden in ihrer historischen Proportionalität seit 1949 beschlossene Sache. Eine zentrale Bauaufgabe war hier der Wiederaufbau der Deutschen Staatsoper,[7] die – teils aus Originalsubstanz rekonstruiert, teils interpretierend ergänzt – von einem einstigen Logentheater (1743 erbaut, 1843 erneuert) in ein Haus mit offenen Zuschauerrängen überführt wurde (1951–55). |18 Dabei verschrieb Richard Paulick mit der Neuinterpretation des neu-alten Apollo-Saales in einen ernsten und monumentalen Staats- und Bankettsaal den gesamten Kulturbau dem fortschrittlich-sozialistisch geprägten Kunstwollen der jungen DDR.

Jene architektonische Gesamtidee findet sich aber auch im Umgang mit der teilzerstörten Wiener Staatsoper (1869), die ab 1948 wieder aufgebaut und 1955 aus Anlass des Endes der alliierten Besatzung Österreichs neu eröffnet wurde: Auch hier gelang es dem Architekten, Erich Boltenstern, „das Erinnerungsbild des alten Zuschauerraums in seinen wesentlichen Zügen [zu] bewahren"[8] – jedoch mit modernisierter Galerie- und Deckenstruktur und nur abstrahiertem Gold-Dekor, während er die erhaltene Eingangshalle des Hauses originalgetreu sanierte und manche Aufenthaltsräume in seinem „moderat-modernen" Stil neu gestaltete.[9]

(1951–57). |12 Döllgast relocated the central staircase to the destroyed southern section, brought new light into the building and sealed the wounds on the façade by applying virtually matching bricks from wartime rubble to unrendered wall surfaces.

Also in this category is Gottfried Böhm's redevelopment of the "Madonna of the Ruins" chapel (1947–50), which he developed from the ruins of the medieval St. Columba's Basilica. |14 During the War, parts of the external walls and the stump of the tower were preserved, along with a statue of the Madonna and Child from one of the pillars of the choir. After 1945 this became a symbol of life and survival and thus the heart of the new chapel, giving the project its name in this contemporary gesture of humbleness.

It was around the same time that Gottfried's father Dominikus Böhm came up with a more radical solution for the rebuilding project of St. Joseph's Church in Duisburg (1948–50), whereby he integrated a side aisle of the neo-Gothic hall church remaining after the War into a new building. |15

Contemporary Appropriation of the Formal Qualities of the Ruins

Following lengthy discussions, it was not until the 1960s that Döllgast's student Josef Wiedemann was eventually awarded the commission to rebuild Munich's Glyptothek (1964–72). He then appropriated the formal qualities of the ruins by means of contemporary measures. The War had reduced Leo von Klenze's splendid, formerly Classicist building to little more than a shell of walls. In comparison to Döllgast, who highlighted the wartime wounds both constructively and aesthetically on the Alte Pinakothek, Wiedemann opted for a purist and sober design idiom: Taking the historical significance of the wartime destruction as a starting point, he nevertheless set about disguising every visible trace of destruction behind a whitewash that was in keeping with the modern exhibition aesthetic. |16|17

This overall strategy made the project comparable in conceptual terms to the rebuilding of Frankfurt's Paulskirche by the architect team of Schwarz, Krahn, Schaupp and Blanck. Here, the architects saw the original form of the building as emerging from the catastrophe of the War in an almost Modernist form, purged of any unnecessary ornamentation and ready for appropriation into post-war Modernism.[6]

When we shift our attention from objects to ensembles, another example that comes to light is Münster's Prinzipalmarkt, which was rebuilt (1947–58) with much attention paid to

|16 Josef Wiedemann, Wiederaufbau der Glyptothek, München, 1964-72, Foto: 1984 |17 Leo von Klenze, Glyptothek, München, 1816-31, Foto: unbekannt

|16 Josef Wiedemann, Rebuilt Glyptothek, Munich, 1964-72, photo: 1984
|17 Leo von Klenze, Glyptothek, Munich, 1816-31, photo: unknown

|18

|19  |20

|18 Richard Paulick, Wiederaufbau der Deutschen Staatsoper, Ost-Berlin, 1951–55, Foto: 1955 |19 Theo Kellner, Wiederaufbau des Goethehauses, Frankfurt am Main, 1947–51, Foto: 1951 |20 Wiederaufbau des Prinzipalmarkts, Münster, 1947–58, Foto: 2014

|18 Richard Paulick, Rebuilt German State Opera, East Berlin, 1951–55, photo: 1955 |19 Theo Kellner, Rebuilt Goethehaus, Frankfurt/Main, 1947–51, photo: 1951 |20 Rebuilt Prinzipalmarkt, Münster, 1947–58, photo: 2014

history and tradition and thus can likewise be considered a contemporary appropriation of the formal qualities of ruins: The famous row of houses was not reconstructed in detail, but rather interpreted in a simple post-war aesthetic with consideration of its formal townscape quality and the old plot structure. |20

Partial Reconstruction of Preserved Original Material with New Additions

Although the East German authorities demolished a palace in the center of their capital of Berlin and left the Neues Museum in ruins, the reconstruction of the Unter den Linden boulevard true to its historic proportions had been a done deal since 1949. A key edifice here was the German State Opera[7], which—partly reconstructed from original material, partly supplemented in interpretive fashion—was transformed from a traditional theater with tiered galleries (built in 1743, renovated in 1843) into a venue with open seat rows (1951-55). |18 As part of this process, Richard Paulick reinterpreted the new-old Apollo Hall as an austere and monumental state and banqueting hall, thus adapting the entire cultural monument to the *Kunstwollen* of the young East Germany with its progressive-socialist slant.

This overall architectural idea can also be found in the project for the partly destroyed Vienna State Opera (1869), which was reconstructed from 1948 onwards and reopened in 1955 to mark the end of the Allied occupation of Austria. Here the architect, Erich Boltenstern, was likewise able to "preserve the memory of the old auditorium in its fundamental traits"[8]—albeit with a modernized gallery and ceiling structure and merely abstracted gold decoration, while he faithfully renovated the building's entrance hall, which had been preserved, and redesigned certain salons in his "moderately Modernist" style.[9]

(Supposedly) Faithful Reconstruction after Partial or Total Loss

Just a few meters away from Frankfurt's Paulskirche lies a very different type of reconstruction: the Goethehaus (1947–51). |19 While the former project had to be completed in time to mark the 100th anniversary of the National Assembly, the latter was carried out with a similar deadline, namely the celebrations marking 200 years since the poet was born in the house in 1749. The publicist Walter Dirks called for "the courage to say good-bye,"[10] bringing the symbolic-admonitory significance of the place to the fore and thus favoring a new design with a critical take on

(Vermeintliche) Vollrekonstruktion nach Teil- oder Totalverlust

Nur wenige Meter von der Frankfurter Paulskirche entfernt befindet sich eine ganz andere Wiederaufbau-Variante: das Goethehaus (1947–51). |19 Stand ersteres Projekt wegen der Eröffnung zum 100. Jahrestag der Nationalversammlung unter baulichem Zeitdruck, so war es bei zweiterem die Feier zum 200. Geburtstag des 1749 dort geborenen Dichters. Und während der Publizist Walter Dirks mit seinem Plädoyer „Mut zum Abschied"[10] die symbolhaft-mahnende Bedeutung des Ortes zugunsten eines geschichtskritischen Neubaus in den Vordergrund stellte, ließ Hausherr Georg Hartmann vom Freien Deutschen Hochstift bei der Einweihung des Goethehauses 1951 keinen Zweifel daran, dass der eingeforderte „Mut zur Treue"[11] nur in der vollen Wiederherstellung der materialen Kontinuität möglich gewesen sei. Dass in diese angeblich originalgetreue Rekonstruktion von Theo Kellner Stahlträger eingebaut werden mussten, störte die Traditionsanhänger allerdings damals ebenso wenig wie heute, während die Modernisten spotteten, diese habe „wohl seinerzeit Goethes Vater aus oberitalienischen Walzwerken"[12] mitgebracht.

Wie gefährdet die einzigartigen, nachkriegszeitlich kreativ wie kritisch motivierten Aneignungsprojekte von Kriegsruinen heute in ihrem fragilen baulichen Status und in ihrem deutschlandweiten Gesamtbestand sind, sollen abschließend zwei Fälle erläutern: Gottfried Böhms Bescheidenheitsgestus der Kölner Kapelle „Madonna in den Trümmern" wurde unlängst von einem erdrückenden Überbau (1997–2007) des Schweizer Architekten Peter Zumthor im wahrsten Sinne des Wortes geschluckt. |13 Und während die Nachkriegsinkunabel der Kaiser-Wilhelm-Gedächtniskirche bis heute sowohl von der Kirche als auch von Zivilgesellschaft und Denkmalpflege wacker verteidigt wird, hat der umliegende, total-kommerzialisierte und verdichtete Stadtraum längst die erdrückende Obermacht erlangt. Es bleibt zu hoffen, dass die Frankfurter Paulskirche als vielschichtiges und damit immer wieder neu befragbares Baudenkmal der schlichten Nachkriegsmoderne und Ort gelebter Demokratie einem ähnlichen Verwertungsdruck weiterhin standhält. Alois Riegls Denkmalwert-Theorie ist uns hier, trotz veränderter Rahmenbedingungen, immer noch wertvolle Diskussionsgrundlage.

history. However, Georg Hartmann of Freies Deutsches Hochstift, the association running the Goethehaus, left no doubt at its inauguration in 1951 that the purported "courage to remain faithful"[11] could only mean the material continuity guaranteed by complete (supposedly) faithful reconstruction. The fact that architect Theo Kellner nevertheless had to integrate steel beams bothered traditionalists as little then as it does today, while the Modernists scoffed that "Goethe's father had probably brought them with him from the steel mills of northern Italy."[12]

Today, these unique projects appropriating wartime ruins, with their creative and critical post-war thrust, are threatened in their fragile structural status and their total nationwide stock—to what extent, is illustrated conclusively by two cases: Gottfried Böhm's gesture of modesty in Cologne's "Madonna of the Ruins" chapel was recently swallowed up, quite literally, by an oppressing superstructure (1997-2007) created by Swiss architect Peter Zumthor. |13 And while the post-war incunabulum of the Kaiser Wilhelm Memorial Church is still valiantly defended by both the Church as well as by civil society and heritage officers, the urban fabric of the now far denser surrounding area has long since given way to total commercialization. All we can hope is that Frankfurt's Paulskirche holds out against similar exploitative pressure as a multifaceted architectural monument to plain post-war Modernism and democracy in practice. In spite of the altered framework here, Alois Riegl's theory of monument-value remains a valuable basis for discussion.

1. Vgl. Alois Riegl, *Der moderne Denkmalkultus. Sein Wesen und seine Entstehung*, Wien/Leipzig 1903. Siehe auch Ernst Bacher (Hg.), *Kunstwerk oder Denkmal? Alois Riegls Schriften zur Denkmalpflege*, Wien/Köln/Weimar 1995. Außerdem u. a. Michael Falser, *Zum 100. Todesjahr von Alois Riegl. Der ‚Alterswert' als Beitrag zur Konstruktion staatsnationaler Identität in der Habsburg-Monarchie um 1900 und seine Relevanz heute*, in: Österreichische Zeitschrift für Kunst und Denkmalpflege, Nr. 3/4, 2005, S. 298-311.
2. Auf sie wird hier im Detail nicht eingegangen, siehe dazu Michael Falser, *Armut, Schuld und Flammenläuterung. Gestaltungsmotive und -formen des Deutschen Werkbundes im deutschen Nachkriegswiederaufbau der Frankfurter Paulskirche (1946-48)*, in: Gerda Breuer (Hg.), *Das gute Leben. Der Deutsche Werkbund nach 1945*, Tübingen 2007, S. 102-111. Zur Rolle von Baudenkmälern als Medien einer *longue durée* zu Zeiten dramatischer kulturpolitischer Umwälzungen im deutschen *nation building* Prozess siehe auch Michael Falser, *Die „Stunde Null", die Schuldfrage, der „Deutsche Geist" und der Wiederaufbau in Frankfurt am Main*, in: Derselbe, *Zwischen Identität und Authentizität. Zur politischen Geschichte der Denkmalpflege in Deutschland*, Dresden 2008, S. 71-97.
3. Siehe diese Diskurse und ausführliche Literaturhinweise zur Debatte nach 1945 im diesem Kurzbeitrag zugrundeliegenden Essay: Michael Falser, *Trauerarbeit an Ruinen. Kategorien des Wiederaufbaus nach 1945*, in: Michael Braum / Ursula Baus (Hg.), *Rekonstruktion in Deutschland. Positionen zu einem umstrittenen Thema*, Basel/Boston/Berlin 2009, S. 60-97.
4. Vgl. Walther Schmidt, *Bauen mit Ruinen. Gestaltungsfragen bei der Einbeziehung von Ruinen kriegszerstörter bedeutender alter Bauwerke in neue Bauzusammenhänge*, Ravensburg 1949.
5. Zum Phänomen Zerstörung durch Rekonstruktion siehe Michael Falser, *Tradition Rekonstruktion? Zur Ausstellung ‚Geschichte der Rekonstruktion – Konstruktion der Geschichte' in München*, in: *werk, bauen + wohnen*, Nr. 10, 2010, S. 66-68. Dazu das Gesamtprojekt mit historischen Quellentexten und die Langversion der Rezension in: Adrian von Buttlar / Gabi Dolff-Bonekämper / Michael Falser / Achim Hubel / Georg Mörsch (Hg.), *Denkmalpflege statt Attrappenkult. Gegen die Rekonstruktion von Baudenkmälern - eine Anthologie* (Bauweltfundamente Bd. 146), Berlin/Basel 2010.
6. Siehe in diesem Band Thomas Bauer, S. 44-67.
7. Andere wichtige DDR-Projekte in dieser Richtung waren z. B. die Gemäldegalerie in Dresden oder die Alte Börse in Leipzig.
8. Erich Boltensterns Kurzbeitrag in der originalen *Festschrift zur Eröffnung des wiederaufgebauten Opernhauses*, Wien 1955, S. 27/28, hier S. 27.
9. Vgl. Judith Eiblmayr / Iris Meder (Hg.), *Moderat Modern. Erich Boltenstern und die Baukultur nach 1945* (Ausst.-Kat. Wien Museum), Salzburg 2005. Siehe auch Maria Kramer, *Die Wiener Staatsoper. Zerstörung und Wiederaufbau*, Wien 2005. Frau Eiblmayr soll hier für ein informatives Gespräch zu ihrer umfangreichen Forschung zu Architekt Boltenstern und der traditionsgebundenen Geisteshaltung des nachkriegszeitlichen Österreich gedankt werden.
10. Walter Dirks, *Mut zum Abschied. Zur Wiederherstellung des Frankfurter Goethehauses*, in: Frankfurter Hefte, Nr. 8, 1947, S. 819-828.
11. Georg Hartmann, *Mut zur Treue. Rede zur Eröffnung des Goethehauses* (1951), neu abgedruckt in: Norbert Huse (Hg.), *Denkmalpflege. Deutsche Texte aus drei Jahrhunderten*, München 1996, S. 203/04.
12. Hermann Mäckler, *Anmerkungen zur Zeit*, in: Baukunst und Werkform, Nr. 2, 1949, S. 14.

„SO SCHÖN WAR DAS BAUWERK NOCH NIEMALS GEWESEN"[1]
EIN FOTOESSAY
"THE BUILDING HAD NEVER BEEN SO BEAUTIFUL"[1]
A PHOTO ESSAY

Moritz Bernoully

[1] Rudolf Schwarz, 1960

|01

01 Torweg in die Wandelhalle, Foto: 2019 |01 Doorway into the foyer, photo: 2019

|02

Ein Torweg, der mit einer einzigen ungeteilten Bewegung als Wurf von beiden Seiten her den Weg umwölbt

Planungsgemeinschaft, 1948

A doorway that with a single undivided gesture encloses the path from both sides

Planning Committee, 1948

|02-03 Torweg mit Eingangsportal, Fotos: |02 ca. 1948 |03 2019

|02-03 Doorway with entrance portal, photos: |02 c. 1948 |03 2019

|03

|04

Eine Krypta, die das offene Weltall trägt
Planungsgemeinschaft, 1948

A crypt that bears the open outer space
Planning Committee, 1948

|04-05 Wandelhalle, Fotos: |04 ca. 1948 |05 2019

|04-05 Foyer, photos: |04 c. 1948 |05 2019

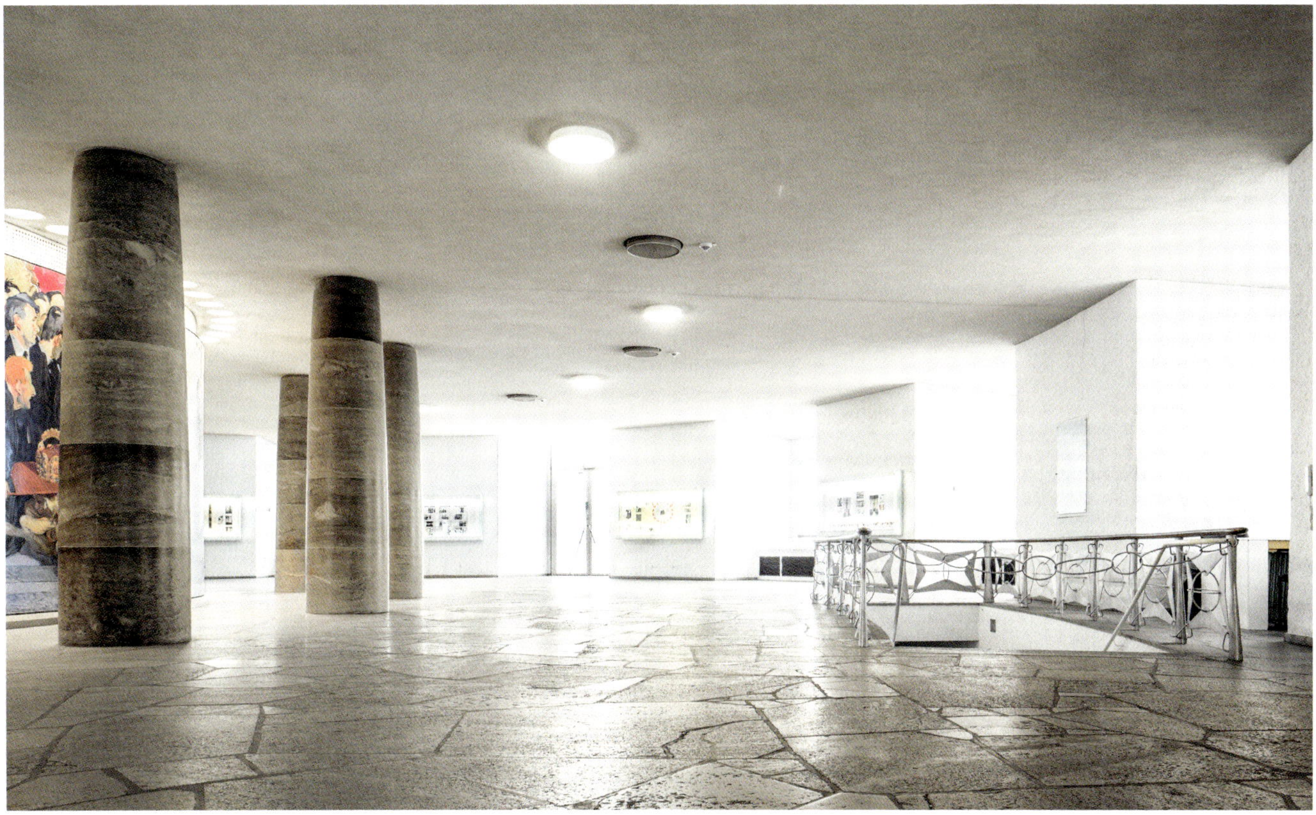

|05

|06

Vierzehn Säulen aus Marmor, in allmählich wie dorische Säulen sich verjüngender Form

Planungsgemeinschaft, 1948

Fourteen marble columns in gradually tapering form like Doric columns

Planning Committee, 1948

|06-07 Kernoval und Säulenkranz der Wandelhalle, Fotos: |06 ca. 1948 |07 2019

|06-07 Central oval and surrounding columns in the foyer, photos: |06 c. 1948 |07 2019

|07

| 08

Ein Bild des schweren Weges, den unser Volk in dieser seiner bittersten Stunde zu gehen hat

Planungsgemeinschaft, 1948

An image of the difficult path that our people must walk in this their most bitter hour

Planning Committee, 1948

| 08-09 Treppenaufgang in den Saal, Fotos: | 08 ca. 1948 | 09 2019

| 08-09 Stairway into the hall, photos: | 08 c. 1948 | 09 2019

|09

|10

Unten am Boden ist alles dem menschlichen Gebrauch zugemessen
Planungsgemeinschaft, 1948

Down on the ground everything is suitable for human use
Planning Committee, 1948

|10-11 Tür vom Saal in den Nordwest-Treppenturm, Fotos: |10 ca. 1948 |11 2019

|10-11 Door from the hall into the northwestern stairwell tower, photos: |10 c. 1948 |11 2019

|11

|12

Die Träger des künstlichen Lichtes hängen von der Decke bis fast auf den Boden. Sie sollen den Raum wie Säulen gliedern
Planungsgemeinschaft, 1948

The bearers of artificial light hang from the ceiling almost down to the floor. They are intended to structure the space like columns
Planning Committee, 1948

|12-13 Treppenaufgang in den Saal, Fotos: |12 ca. 1948 |13 2019

|12-13 Stairway into the hall, photos: |12 c. 1948 |13 2019

|13

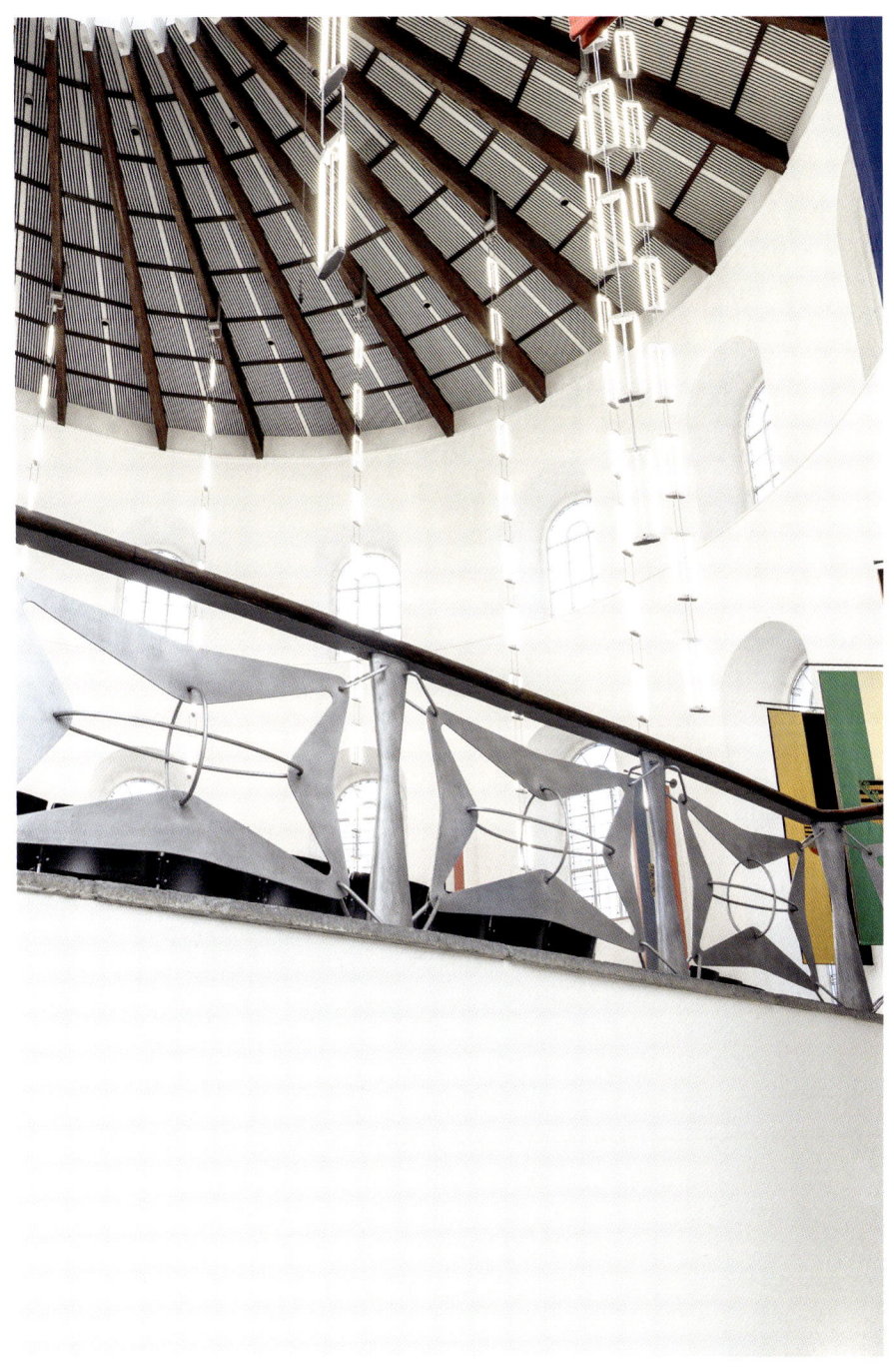

|14

Eine zarte Holzdecke, die durch nichts wirkt als ihre sorgsame Konstruktion, ein ganz leichter Abschluß, der sich fast schwerelos dem ungeheuren Mauerwerk auflegt

Planungsgemeinschaft, 1948

A delicate wooden ceiling whose impact comes solely from its careful construction, a very light conclusion that rests almost weightlessly on the immense walling

Planning Committee, 1948

|14-15 Saaldecke, Fotos: |14 ca. 1948 |15 2019

|14-15 Hall ceiling, photos: |14 c. 1948 |15 2019

|15

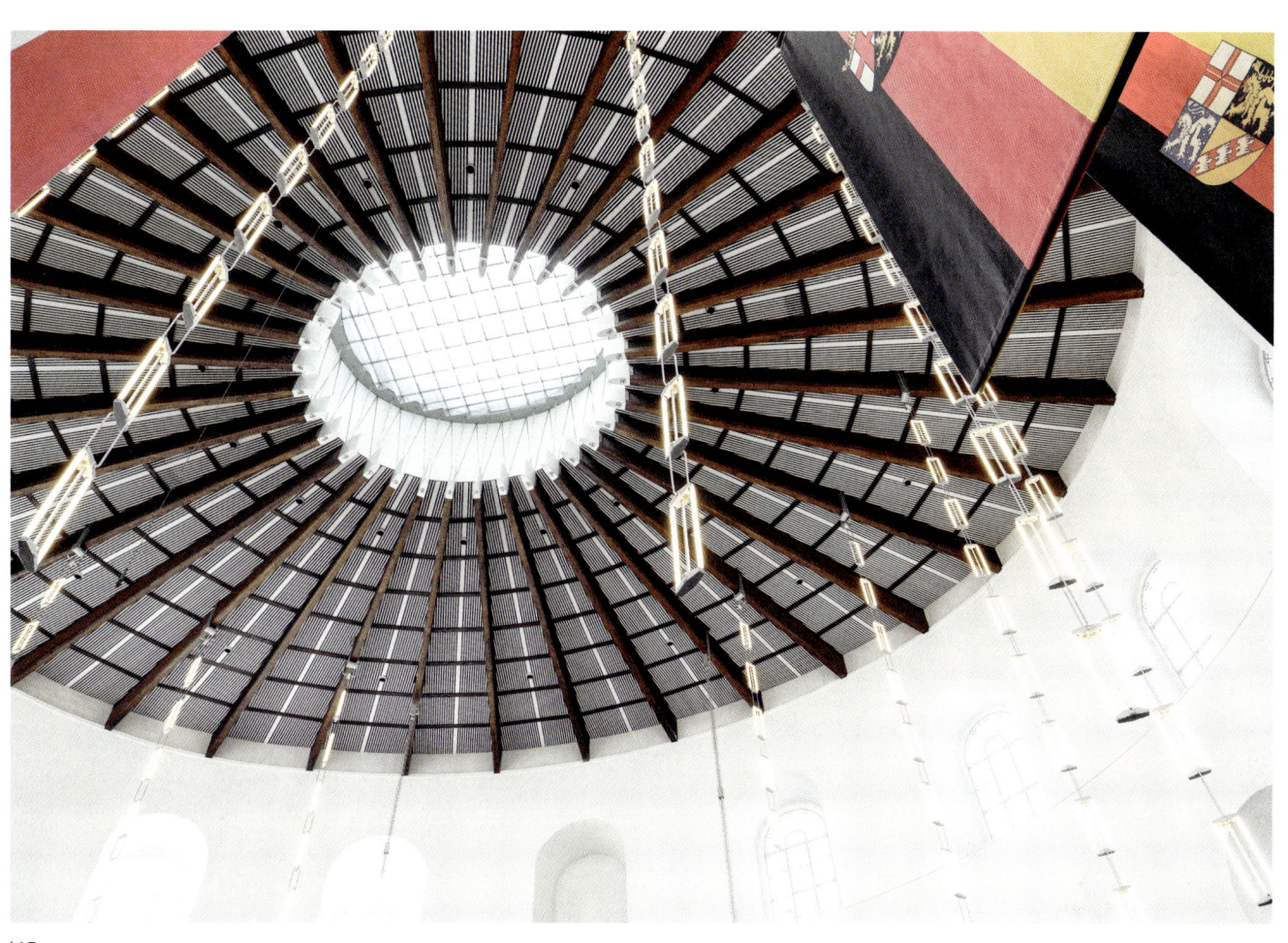

| 16

Der Raum ist schneeweiß gestrichen und enthält nur das sehr einfache Gestühl, das Rednerpult und die Regierungsempore und eine Orgel
Rudolf Schwarz, 1960

The space is painted snow white and contains only the very simple seating, the lectern and the government gallery plus an organ
Rudolf Schwarz, 1960

| 17

|18

Der Saal ist seinem Gedanken nach offener Weltraum über der bewohnten Erde der Menschen[2]

Planungsgemeinschaft, 1948

The hall is conceived as open outer space above the Earth populated by humans[2]

Planning Committee, 1948

|18-19 Blick von der Sprechstelle in den Saal, Fotos: |18 ca. 1948 |19 2019

[2] Dieser Ausdruck findet sich nur im Entwurf zum Artikel *Die neue Paulskirche* (ISG, Nachlass Eugen Blanck, S1-177/22); in der später publizierten Version fehlt er.

|18-19 View from the speaking point into the hall, photos: |18 c. 1948 |19 201

[2] This expression can be found only in the draft for the article "Die neue Paulskirche" (ISG, Estate of Eugen Blanck, S1-177/22); it does not appear in the version subsequently published.

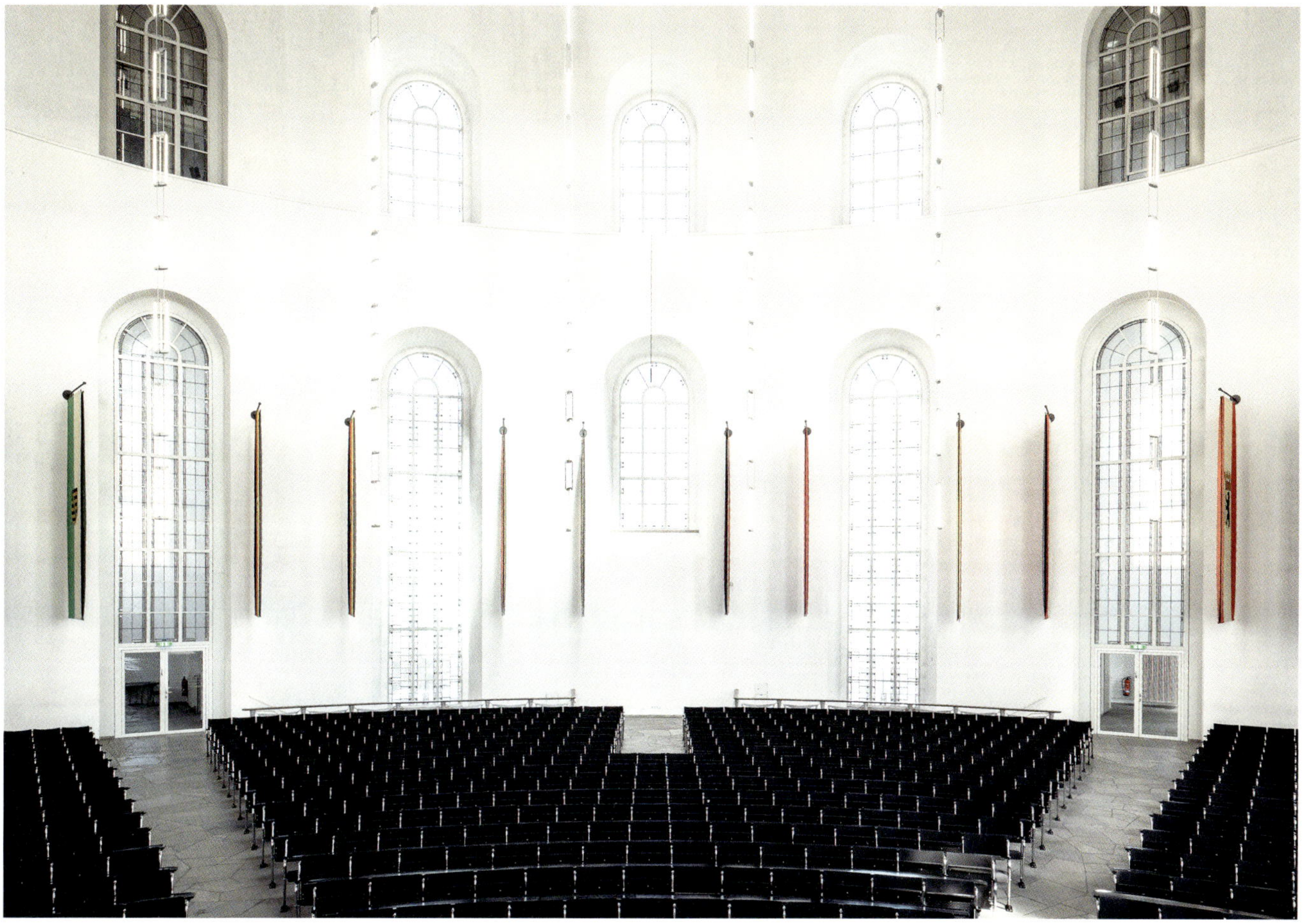

|19

| 20

Unter der Halle liegt ein Untergeschoß mit den Kleiderablagen, den Waschräumen und der Postzentrale

Planungsgemeinschaft, 1948

Underneath the hall is a basement story containing the cloakrooms, washrooms and the mail room

Planning Committee, 1948

| 20-21 Untergeschoss, Fotos: | 20 ca. 1948 | 21 2019

| 20-21 Basement story, photos: | 20 c. 1948 | 21 2019

| 21

|22 Lampen (1948) und Lautsprecher (1988), Foto: 2019 |22 Lamps (1948) and speakers (1988), photo: 2019
|23 Sprechstelle und Regierungsbank, Foto: 2019 |23 Speaking point and government bench, photo: 2019

| 24 Orgelprospekt, gestaltet von Maria Schwarz, 1988, Foto: 2019
| 25 Aufgang zur Regierungsbank, Foto: 2019

| 24 Organ front, designed by Maria Schwarz, 1988, photo: 2019
| 25 Stairs to the government bench, photo: 2019

|26 Grisaillefenster, gestaltet von Wilhelm Buschulte, 1986–88, Foto: 2019
|27 Treppenbrüstung aus ehemals für den NS-Flugzeugbau vorgesehenem Blech, Foto: 2019

|26 Grisaille window, designed by Wilhelm Buschulte, 1986-88, photo: 2019
|27 Balustrade made of sheet metal formerly earmarked for Nazi aircraft construction, photo: 2019

|28 Johannes Grützke, *Der Zug der Volksvertreter*, 1991, Foto: 2019 |29 VIP-Raum im Kern der Wandelhalle, 1988, Foto: 2019

|28 Johannes Grützke, *The Procession of the Representatives*, 1991, photo: 2019 |29 VIP Room in the core of the foyer, 1988, photo: 2019

|30

|31

|30|31 Glockenturm, Fotos: 2019 |30|31 Bell tower, photos: 2019

|32 |33 Ehemaliger Regieraum im Nordwest-Treppenturm, Fotos: 2019 |32 |33 Former control room in the northwestern stairwell tower, photos: 2019

AUSGEWÄHLTE LITERATUR
SELECT BIBLIOGRAPHY

Thomas Bauer, *Die Jahrhundertfeier und der Sport. Ein Beitrag zum Wiederaufbau der Frankfurter Paulskirche 1948*, in: *Mitteilungen des Vereins für Geschichte und Landeskunde Bad Homburg vor der Höhe*, Nr. 46, 1997, S. 49–60.

[Baumeister,] *Paulsplatz und Paulskirche in Frankfurt*, in: *Baumeister*, Nr. 6, 1983, S. 593–598 (enthält: *Meinungen zur Restaurierung der Kirche* von Gottfried Kiesow, Hans-Erhard Haverkampf, Otto Meitinger, Heinz Schomann).

Dieter Bartetzko, *Triumph- oder Mahnmal? Die Frankfurter Paulskirche als Objekt eines städtebaulichen Wettbewerbs*, in: *Kritische Berichte*, Nr. 3, 1983, S. 41–58.

Dieter Bartetzko, *Ein Symbol der Republik. Geschichte und Gestalt der Frankfurter Paulskirche*, in: Ingeborg Flagge / Wolfgang Jean Stock (Hg.), *Architektur und Demokratie. Bauen für die Politik von der amerikanischen Revolution bis zur Gegenwart*, Stuttgart 1992, S. 108–125.

Dieter Bartetzko, *Denkmal für den Aufbau Deutschlands. Die Paulskirche in Frankfurt am Main*, Königstein/Ts. 1998.

Otto Bartning, *Ein grundsätzliches Wort zur neuen Paulskirche*, in: *Baukunst und Werkform*, Nr. 3, 1949, S. 101–107.

Ingrid Brock, *Wiederaufbau nach dem 2. Weltkrieg – Erhaltung des Status quo heute: Die Paulskirche in Frankfurt am Main*, in: *Thesis. Wissenschaftliche Zeitschrift der Bauhaus-Universität Weimar*, Nr. 5, 1997, S. 10–41.

Werner Durth, *Frankfurt – Illusion als Schicksal?*, in: *Arch+*, Nr. 69/70, 1983, S. 102–107.

Benedikt Erenz, *Was wird aus der Paulskirche?*, in: *Die Zeit*, Nr. 42, 2017.

Michael Falser, *Die „Stunde Null", die Schuldfrage, der „Deutsche Geist" und der Wiederaufbau in Frankfurt am Main,* in: Derselbe, *Zwischen Identität und Authentizität. Zur politischen Geschichte der Denkmalpflege in Deutschland*, Dresden 2008, S. 71–97.

Otto Fischer, *Die Wiederherstellung der Paulskirche*, in: *Neue Bauwelt*, Nr. 5, 1947, S. 67–71.

Evelyn Hils, *Johann Friedrich Christian Hess. Stadtbaumeister des Klassizismus in Frankfurt am Main von 1816–1845*, Frankfurt 1988.

Evelyn Hils-Brockhoff / Sabine Hock, *Die Paulskirche. Symbol demokratischer Freiheit und nationaler Einheit*, Frankfurt 1998.

Evelyn Hils-Brockhoff, *Kunst für die Demokratie. 150 Jahre künstlerische Ausgestaltung der Paulskirche*, in: Kurt Wettengl (Hg.), *Das Gedächtnis der Kunst. Geschichte und Erinnerung in der Kunst der Gegenwart* (Ausst.-Kat. Historisches Museum, Schirn-Kunsthalle, Paulskirche, Frankfurt), Ostfildern-Ruit 2000, S. 211–220.

Carlo H. Jelkmann, *Die Sct. Paulskirche in Frankfurt a. M. Ein Beitrag zur Entwicklung der deutsch-protestantischen Kirchen-Baukunst und ein Zeitbild aus der Geschichte Frankfurts um 1780–1850*, Frankfurt 1913.

Annette Krapp, *Die Architektin Maria Schwarz. Ein Leben für den Kirchenbau*, Regensburg 2015.

Walter Lachner / Christian Welzbacher, *Paulskirche*, Berlin 2015.

Alfons Leitl, *Der Wiederaufbau der Paulskirche*, in: *Baukunst und Werkform*, Nr. 1, 1947, S. 99–103.

Magistrat der Stadt Frankfurt am Main (Hg.), *Städtebaulicher Gutachterwettbewerb. Die Umgebung der Paulskirche*, Frankfurt 1983.

Magistrat der Stadt Frankfurt am Main (Hg.), *Paulskirche Frankfurt am Main. Werkstattgespräche über eine Instandsetzung*, 1984, Typoskript, DAM-Bibliothek.

Magistrat der Stadt Frankfurt am Main (Hg.), *Die Paulskirche in Frankfurt am Main*, Frankfurt 1988.

Magistrat der Stadt Frankfurt am Main (Hg.), *Ergebnis eines Wettbewerbs Fresko für die Paulskirche*, Frankfurt 1988.

Wolfgang Pehnt / Hilde Strohl (Hg.), *Rudolf Schwarz. Architekt einer anderen Moderne*, Ostfildern-Ruit 1997.

Planungsgemeinschaft Paulskirche (Rudolf Schwarz / Johannes Krahn / Gottlob Schaupp / Eugen Blanck), *Die neue Paulskirche*, in: *Die neue Stadt*, Nr. 3, 1948, S. 101–104.

Planungsgemeinschaft Paulskirche (Rudolf Schwarz / Johannes Krahn / Gottlob Schaupp / Eugen Blanck), *Denkschrift zur Fortsetzung des Wiederaufbaus der Paulskirche*, 1960, ISG, Nachlass Eugen Blanck, S1-177/22.

Rudolf Schwarz, *Kirchenbau. Welt vor der Schwelle*, Heidelberg 1960.

Wilhelm Stricker, *Die Baugeschichte der Paulskirche (Barfüßerkirche) zu Frankfurt am Main 1782–1813*, Frankfurt 1870.

Patricia Tratnik, *Materialien zum Wiederaufbau der Paulskirche 1946–1948*, Frankfurt 1985, Typoskript, ISG.

Wolfgang Voigt, *„Ruf der Ruinen" oder Rekonstruktion. Altstadt, Paulskirche und Goethehaus nach den Luftangriffen des Zweiten Weltkriegs*, in: Philipp Sturm / Peter Cachola Schmal (Hg.), *Die immer Neue Altstadt. Bauen zwischen Dom und Römer seit 1900*, Frankfurt 2018, S. 64–73.

Klaus Wever, *Paulskirche in Frankfurt am Main. Dokumentation zur Vorplanung*, 1980, Typoskript, DAM-Bibliothek.

Inge Wolf, *Der Wiederaufbau der Paulskirche (1946–1948). Pläne und Zeichnungen im Nachlaß von Johannes Krahn (1908–1974)*, in: Wilfried Wang / Annette Becker (Hg.), *Architektur Jahrbuch*, München / London / New York 1998, S. 172–177.

AUTORINNEN UND AUTOREN
AUTHORS

Thomas Bauer, Historiker, hat zahlreiche Bücher und Ausstellungen zur Frankfurter Stadtgeschichte publiziert und kuratiert. Seit 2015 wissenschaftlicher Mitarbeiter der Abteilung „Zeitgeschichte und Gedenken" des Instituts für Stadtgeschichte (ISG). Vorsitzender des Denkmalbeirats der Stadt Frankfurt und Mitglied der Frankfurter Historischen Kommission.

Moritz Bernoully, Architekturfotograf. 2007–11 Lehrauftrag an der TU Delft und 2012–15 an der Universidad Iberoamericana in Mexico City. Mitarbeit an Buchproduktionen in Deutschland und Mexiko, u.a. *Guía de Arquitectura Ciudad de México* (2015), *Guía Goeritz* (2015), *Alexander Calder. Discipline of the Dance* (2016), *Luis Barragán, Fred Sandback. The Properties of Light* (2018).

Michael Falser, Studium der Architektur und Kunstgeschichte in Wien und Paris, Promotion TU Berlin 2006, Habilitation Universität Heidelberg 2014 (zzt. dort Privatdozent). Gastprofessuren in Wien, Kyoto, Bordeaux-Montaigne und Paris-Sorbonne. Publikationen zu globaler Kunst- und Architekturgeschichte, Denkmalpflege und Kulturerbe, zuletzt *Angkor Wat. A Transcultural History of Heritage* (Berlin 2019).

Annette Krapp, Kunsthistorikerin, Schwerpunkt Architektur und Kunst des 20. Jahrhunderts und der Gegenwart. Leiterin der Kunstvermittlung im Arp Museum Bahnhof Rolandseck, Remagen. Dissertation über die Architektin Maria Schwarz (2015).

Philip Kurz, Architekt, Honorarprofessor am Karlsruher Institut für Technologie (KIT). Studium an den Universitäten Braunschweig und Stuttgart sowie der European Business School. Tätigkeit für verschiedene internationale Beratungsgesellschaften. Seit 2010 Geschäftsführer und Leiter des Denkmalprogramms der Wüstenrot Stiftung.

Maximilian Liesner, Urbanist, arbeitet seit 2016 für das Deutsche Architekturmuseum, Frankfurt am Main: kuratorische Mitarbeit an der Ausstellung „SOS Brutalismus – Rettet die Betonmonster!" (2017), Kurator und Koordinator des Internationalen Hochhaus Preises 2018. Ab 2019 Redakteur / Chef vom Dienst der Zeitschrift *der architekt* des Bundes Deutscher Architekten.

Thomas Bauer, historian, has published and curated numerous books and exhibitions on Frankfurt's history. Since 2015 researcher in the department "Contemporary History and Commemoration" at the Institute for the History of Frankfurt (ISG). Chair of the City of Frankfurt's Advisory Council for Monument Preservation and a member of Frankfurt's Historical Commission.

Moritz Bernoully, architectural photographer. 2007–11 teaching post at TU Delft and 2012–15 at Universidad Iberoamericana in Mexico City. Involved in book projects in Germany and Mexico, incl. *Guía de Arquitectura Ciudad de México* (2015), *Guía Goeritz* (2015), *Alexander Calder. Discipline of the Dance* (2016), *Luis Barragán, Fred Sandback. The Properties of Light* (2018).

Michael Falser, studied Architecture and Art History in Vienna and Paris, Ph.D. at TU Berlin in 2006, habilitation at Heidelberg University in 2014 (currently associate professor there). Guest professorships in Vienna, Kyoto, Bordeaux-Montaigne and Paris-Sorbonne. Publications on global art and architectural history, monument preservation and cultural heritage, most recently *Angkor Wat. A Transcultural History of Heritage* (Berlin, 2019).

Annette Krapp, art historian with a focus on architecture and art of the 20th century and present day. Head of art education at the Arp Museum Bahnhof Rolandseck, Remagen. Ph.D. thesis on the architect Maria Schwarz (2015).

Philip Kurz, architect, honorary professor at Karlsruhe Institute of Technology (KIT). Studied at the universities of Braunschweig and Stuttgart and the European Business School. Worked for various international consultancies. Since 2010 managing director and head of the monument program at the Wüstenrot Foundation.

Maximilian Liesner, urbanist, has worked at the DAM, Frankfurt since 2016: curatorial assistance with the exhibition "SOS Brutalism – Save the Concrete Monsters!" (2017), curator and coordinator of the International Highrise Award 2018. From 2019 managing editor at the journal *der architekt* published by the Association of German Architects (BDA).

Aline Pronnet, Kunsthistorikerin und Bloggerin, promoviert seit 2018 zu Karl Knappe unter Dr. Christian Fuhrmeister an der Universität München. Kuratorin der Ausstellung „Adolf Voll – Architekt seiner Zeit" (2015), kuratorische Mitarbeit an der Ausstellung „'Graphzines' aus dem Zentralinstitut für Kunstgeschichte – 'New Lung Seeded Inside' Installation von Stéphane Blanquet" (2017).

Peter Cachola Schmal, Architekt und Publizist. 1992–97 wissenschaftlicher Mitarbeiter an der TU Darmstadt, 1997–2000 Lehrauftrag für Entwerfen an der FH Frankfurt. Seit 2000 Kurator und seit 2006 Direktor des Deutschen Architekturmuseums, Frankfurt am Main. 2016 Generalkommissar des Deutschen Pavillons der 15. Internationalen Architekturausstellung – La Biennale di Venezia.

Lucia Seiß, Kunsthistorikerin. 2015–18 am Deutschen Architekturmuseum, Frankfurt am Main: wissenschaftliche Mitarbeit an den Ausstellungen „Daheim – Bauen und Wohnen in Gemeinschaft" (2015) und „Fahr Rad! Die Rückeroberung der Stadt" (2018). Zuvor 2013/14 wissenschaftliche Mitarbeiterin an der TU Dresden, u. a. am Sonderforschungsbereich „Transzendenz und Gemeinsinn".

Philipp Sturm, Politologe, seit 2008 freier Kurator und Autor am Deutschen Architekturmuseum, Frankfurt am Main. Ausstellungen u. a. „Himmelstürmend – Hochhausstadt Frankfurt" (2014), „Linie Form Funktion – Die Bauten von Ferdinand Kramer" (2015) und „Die immer Neue Altstadt – Bauen zwischen Dom und Römer seit 1900" (2018). Seit 2018 Geschäftsführer der ernst-may-gesellschaft.

Bernhard Unterholzner, Historiker, Promotion in Osteuropäischer Geschichte 2019; Aufsätze zur Architektur- und Stadtgeschichte, u. a. *Die Frankfurter Altstadt im Film*, in: Felix Fischl, *Wandelbares Frankfurt* (2018); *Die Sigmund-Freud-Straße*, in: Wilhelm Opatz, *Frankfurt am Main 1970–1979* (2018). Seit 2017 Referent für Sprache und Digitalisierung bei Netzwerk Rope e. V. in Darmstadt.

Aline Pronnet, art historian and blogger, Ph.D. on Karl Knappe under Dr. Christian Fuhrmeister at LMU Munich since 2018. Curated the exhibition "Adolf Voll – Architekt seiner Zeit" (2015), co-curated the exhibition "'Graphzines' aus dem Zentralinstitut für Kunstgeschichte – 'New Lung Seeded Inside' Installation von Stéphane Blanquet" (2017).

Peter Cachola Schmal, architect and publicist. 1992–97 research assistant at TU Darmstadt, 1997–2000 design teaching post at Frankfurt University of Applied Sciences. Since 2000 curator and since 2006 director of the DAM, Frankfurt. 2016 General Commissioner of the German Pavilion at the 15th International Architecture Exhibition – La Biennale di Venezia.

Lucia Seiß, art historian. 2015–18 at the DAM, Frankfurt: research assistant for the exhibitions "At Home – Building and Living in Communities" (2015) and "Ride a Bike! Reclaim the City" (2018). 2013–14 research assistant at TU Dresden, e.g. in the Collaborative Research Center "Transcendence and Common Sense."

Philipp Sturm, political scientist, since 2008 freelance curator and author at the DAM, Frankfurt. Exhibitions incl. "Skyward – Highrise City Frankfurt" (2014), "Line Form Function – The Buildings of Ferdinand Kramer" (2015) and "Forever New: Frankfurt's Old Town – Building between Dom and Römer since 1900" (2018). Since 2018 managing director of the ernst-may-gesellschaft.

Bernhard Unterholzner, historian, Ph.D. in East European history in 2019; essays on architectural and municipal history, e.g. "Die Frankfurter Altstadt im Film," in: Felix Fischl, *Wandelbares Frankfurt* (2018); "Die Sigmund-Freud-Straße," in: Wilhelm Opatz, *Frankfurt am Main 1970–1979* (2018). Since 2017 officer for language and digitization at Netzwerk Rope e. V. in Darmstadt.

ABBILDUNGSNACHWEIS
IMAGE CREDITS

Cover, S. 2
Moritz Bernoully

S. 6-11
|01 ISG, S7Vö/ 371, Foto: Gottfried Vömel |02 Moritz Bernoully

S. 12-31
|01 ISG, S7B1998/1647, Foto: Peter Nagel |02 DAM, 002-017-027, Foto: Uwe Dettmar |03 *Bauwelt*, Nr. 6, 1930, S. 2 |05 *Bauwelt*, Nr. 6, 1930, S. 16 |05 Pehnt / Strohl, *Rudolf Schwarz*, Ostfildern-Ruit 1997, S. 54 |06 ISG, Foto: The Estate of Elisabeth Hase, courtesy Robert Mann Gallery, New York |07 Bildarchiv Foto Marburg |08 ISG, S7Z1948/34, Foto: Kurt Weiner |09 ISG, S7Z1948/32, Foto: Kurt Weiner |10 Bildarchiv Foto Marburg / Walter Schröder |11 HMF, C30103, Foto: Horst Ziegenfusz |12 ISG, S17_00107/11 |13 DAM, 002-017-034, Foto: Uwe Dettmar |14 MMK Frankfurt, Inv. Nr. 1994/84L |15 Magistrat, *Fresko*, 1988 |16 Magistrat, *Fresko*, 1988 |17 Moritz Bernoully

S. 32-43
|01 HMF, C09379, Foto: Horst Ziegenfusz |02 HMF, C28624, Foto: Horst Ziegenfusz |03 HMF, Ph13173, Foto: Horst Ziegenfusz |04 HMF, C4856, Foto: Horst Ziegenfusz |05 HMF, C61260,4, Foto: Horst Ziegenfusz |06 Jelkmann, *Die Sct. Paulskirche in Frankfurt a. M.*, Frankfurt 1913, S. 35 |07 HMF, Ph13176, Foto: Horst Ziegenfusz |08 Jelkmann, *Die Sct. Paulskirche in Frankfurt a. M.*, Frankfurt 1913, S. 81 |09 HMF, Ph13174, Foto: Horst Ziegenfusz |10 HMF, C10854, Foto: Horst Ziegenfusz |11 HMF, C19726, Foto: Horst Ziegenfusz |12 HMF, C05444, Foto: Horst Ziegenfusz |13 HMF, Ph19816, Foto: Horst Ziegenfusz |14 HMF, C25863c, Foto: John Graudenz, Repro: Horst Ziegenfusz |15 HMF, C26686, Foto: Alwin Friedrich, Repro: Horst Ziegenfusz |16 ISG, S7Z1933/73, Foto: Gottfried Vömel |17 ISG, S7B1998/1670

S. 44-67
|01 ISG, S7B1998/162, Foto: Weiner |02 ISG, S7B1998/1680, Foto: The Estate of Elisabeth Hase, courtesy Robert Mann Gallery, New York |03 *Neue Bauwelt*, Nr. 5, 1947, S. 67-71 |04 ISG, S7C1998/56.753, Foto: The Estate of Elisabeth Hase, courtesy Robert Mann Gallery, New York |05 ISG, S7Z1947/6, Foto: dpa Picture-Alliance |06 ISG, S7Z1948/3 |07 ISG, S7Z1947/44, Foto: Kurt Weiner |08 ISG, S7C1998/846 |09 DAM, 002-017-029, Foto: Uwe Dettmar |10 DAM, 002-017-025, Foto: Uwe Dettmar |11 DAM, 002-017-026, Foto: Uwe Dettmar |12 DAM, 002-017-011, Foto: Uwe Dettmar |13 DAM, 002-017-007, Foto: Uwe Dettmar |14 DAM, 002-017-XXX |15 DAM, 002-017-XXX, Foto: Uwe Dettmar |16 DAM, 002-017-031, Foto: Uwe Dettmar

S. 68-75
|01 DAM, 002-017-XXX |02 DAM, 002-017-052 |03 Mayer'sche Hofkunstanstalt, München |04 Mayer'sche Hofkunstanstalt, München |05 Mayer'sche Hofkunstanstalt, München |06 Mayer'sche Hofkunstanstalt, München |07 Moritz Bernoully |08 Moritz Bernoully

S. 76-93
|01 Erbengemeinschaft Buschulte |02 ISG, S7C1998/56.761, Foto: Klaus Meier-Ude |03 Moritz Bernoully |04 Magistrat, Fenster der Paulskirche. Vorprüfbericht, Frankfurt 1986 |05 ISG, S7C1998/56.787, Foto: Hans-Georg und Frank Göllner |06 ISG, S7C1998/5843 |07 ISG, S7C1998/5797, Foto: Fritz Günther |08 ISG, S7C1998/5830, Foto: Willi Klar /archiv-klar.de |09 ISG, S7C1998/5832 |10 Frankfurter Allgemeine Zeitung, 10.7.1976, S. 37 |11 S7C1998/5840, Foto: Klaus Meier-Ude |12 Magistrat, Städtebaulicher Gutachterwettbewerb, Frankfurt 1983, S. 57 |13 Magistrat 1983, S. 63 |14 Magistrat 1983, S. 61 |15 Magistrat 1983, S. 65 |16 Magistrat 1983, S. 55 |17 Magistrat 1983, S. 59 |18 Magistrat 1983, S. 48 |19 Department Studios Filmproduktion – Thomas Pohl |20 Moritz Bernoully

S. 94-103
|01 DAM, 002-017-125 |02 ISG, S7Z1948/74, Foto: Kurt Röhrig / roebild / F. Mansard |03 ISG, S7C1998/56.744, Foto: The Estate of Elisabeth Hase, courtesy Robert Mann Gallery, New York |04 ISG, S7Z1963/178, Foto: Associated Press |05 DAM, 002-017-161, Foto: Uwe Dettmar |06 Philip Eichler

S. 104-121
|01 Schmidt, *Bauen mit Ruinen*, Ravensburg 1949, S. 13 |02 akg-images |03 SLUB Dresden / Deutsche Fotothek / Regine Richter |04 bpk / Zentralarchiv, SMB / Schreiber |05 Janericloebe (public domain) |06 BArch, Bild 183-60015-0002 / Giso Löwe |07 Julian Herzog (CC-BY 4.0) |08 Spence / Snoek, *Out of the Ashes*, London 1963 |09 Landesdenkmalamt Berlin, Foto: Holger Herschel |10 KölnKongress |11 Repro: Rheinisches Bildarchiv Köln, RBA 136 731 |12 Gras-Ober (CC BY-SA 3.0) |13 Hpschaefer (CC BY-SA 3.0) |14 Bruno Hotze / Benedikt Hotze |15 Archiv *das münster*, frdl. Genehmigung durch Verlag Schnell & Steiner GmbH, Regensburg |16 Bildarchiv Foto Marburg / Waltraud Krase |17 Bildarchiv Foto Marburg |18 BArch, Bild 183-32221-0001 / Reinsch |19 ISG, S7C1998/5209 |20 Dietmar Rabich (CC BY-SA 4.0)

S. 122-149
|01 Moritz Bernoully |02 Magistrat, *Die Paulskirche*, Frankfurt 1988, S. 61 |03 Moritz Bernoully |04 ISG, S7C1998/56.792, Foto: Artur Pfau |05 Moritz Bernoully |06 ISG, S7C1998/56.795, Foto: Artur Pfau |07 Moritz Bernoully |08 ISG, S7C1998/56.742, Foto: Artur Pfau |09 Moritz Bernoully |10 Magistrat, *Die Paulskirche*, Frankfurt 1988, S. 78 |11 Moritz Bernoully |12 ISG, S7C1998/56.747, Foto: The Estate of Elisabeth Hase, courtesy Robert Mann Gallery, New York |13 Moritz Bernoully |14 ISG, S7C1998/56.743, Foto: Artur Pfau |15 Moritz Bernoully |16 ISG, S7C1998/56.754, Foto: Hch. Oppermann |17 Moritz Bernoully |18 ISG, S7C1998/56.749, Foto: The Estate of Elisabeth Hase, courtesy Robert Mann Gallery, New York |19 Moritz Bernoully |20 ISG, S7C1998/56.791, Foto: The Estate of Elisabeth Hase, courtesy Robert Mann Gallery, New York |21-33 Moritz Bernoully

Outro
Baukunst und Werkform, Nr. 3, 1949, S. 101

DANK
ACKNOWLEDGEMENTS

Amt für Bau und Immobilien, Frankfurt am Main
Gerhard Altmeyer, Irmgard Maria Vogler

AS+P Albert Speer + Partner, Frankfurt am Main
Friedbert Greif

Atelier Markgraph, Frankfurt am Main
Raimund Ziemer

Demokratiedenkmal Paulskirche e.V., Frankfurt am Main
Georg Wässa

Denkmalamt, Frankfurt am Main
Stefan Timpe

Uwe Dettmar, Frankfurt am Main

Deutscher Bundestag, Berlin
Sabine Scheffler

Dezernat für Bau und Immobilien, Reformprojekte, Bürgerservice und IT, Frankfurt am Main
Jan Schneider, Barbara Brehler-Wald, Elke von Busekist, Martina Mohr, Günter Murr

Dezernat für Kultur und Wissenschaft, Frankfurt am Main
Ina Hartwig, David Dilmaghani

Thomas Dürbeck, Frankfurt am Main

Oliver Elser, Frankfurt am Main

Eugen Emmerling, Frankfurt am Main

Erbengemeinschaft Buschulte, Radevormwald
Wilhelm Buschulte

Ernst Max von Grunelius-Stiftung, Frankfurt am Main
Günter Paul

Gesellschaft der Freunde des Deutschen Architekturmuseums, Frankfurt am Main
Marietta Andreas

Hauptamt, Protokoll, Frankfurt am Main
Anna Hoppe, Bettina Matten-Gericke, Kerstin Rompel, Bernd Schmidt

HGP Architekten, Frankfurt am Main
Markus Leben

Historisches Archiv des Erzbistums Köln
Britt Pesch

Historisches Museum Frankfurt
Beate Dannhorn, Luisa Kunkel

Benedikt Hotze, Berlin

hr-iNFO, Frankfurt am Main
Bettina Emmerich, Nina Mundt

Institut für Stadtgeschichte, Frankfurt am Main
Evelyn Brockhoff, Markus Häfner, Volker Harms-Ziegler, Ulrike Heinisch

Luise King, Berlin

Maike Klothen, Mülheim an der Ruhr

Kunstakademie Düsseldorf
Miriam Müller

Anke & Marcus Liesner, Südlohn

Mayer'sche Hofkunstanstalt, München
Gabriel Mayer

Robert Mann Gallery, New York, USA
Madeline Cornell

IMPRESSUM AUSSTELLUNG
EXHIBITION CREDITS

PAULSKIRCHE. EIN DENKMAL UNTER DRUCK
7. September 2019 bis 16. Februar 2020

PAULSKIRCHE. A MONUMENT UNDER PRESSURE
September 7, 2019 until February 16, 2020

Direktor | Director: Peter Cachola Schmal
Stellvertretende Direktorin | Deputy Director: Andrea Jürges

Kuratoren | Curators: Maximilian Liesner, Philipp Sturm

Wüstenrot Stiftung Geschäftsführer | Managing Director: Philip Kurz
Wüstenrot Stiftung Projektleiterin | Project Manager: Verena Gantner

Ausstellungsdesign | Exhibition Design: Feigenbaumpunkt, Frankfurt am Main
Arne Ciliox, Jochen Schiffner mit | with Simon Senkal, Frankfurt am Main

Öffentlichkeitsarbeit | Public Relations: Brita Köhler, Jonas Malzahn, Anja Vrachliotis
DAM Corporate Design | DAM Corporate Design: Gardeners, Frankfurt am Main
Kuratorin Architekturvermittlung | Education Curator: Christina Budde
Registrar | Registrar: Wolfgang Welker
Bibliothek | Library: Christiane Eulig
Sekretariat | Director's Office: Inka Plechaty
Verwaltung | Administration: Jacqueline Brauer

Aufbau | Installation: Marina Barry, Leo Laduch, Eike Laeuen, Anke Menck, Jörn Schön, Ömer Simsek, Beate Voigt, Gerhard Winkler unter der Leitung von | under the direction of Christian Walter
Modellrestaurierung | Model Conservation: Christian Walter
Papierrestaurierung und Rahmung | Paper Conservation and Framing: Heike Schuler
Haustechnik | Museum Technician: Joachim Müller-Rahn

Leihgeber | Lenders:
Erbengemeinschaft Buschulte, Radevormwald
Institut für Stadtgeschichte, Frankfurt am Main
Historisches Museum Frankfurt
Mayer'sche Hofkunstanstalt, München
Museum für Moderne Kunst, Frankfurt am Main

IMPRESSUM KATALOG
CATALOG IMPRINT

Dieser Katalog wird herausgegeben im Auftrag des Deutschen Architekturmuseums und der Wüstenrot Stiftung anlässlich der Ausstellung
PAULSKIRCHE. EIN DENKMAL UNTER DRUCK
7. September 2019 bis 16. Februar 2020
Deutsches Architekturmuseum,
Dezernat für Kultur und Wissenschaft, Stadt Frankfurt am Main

This catalog is published on behalf of the Deutsches Architekturmuseum and the Wüstenrot Foundation in conjunction with the exhibition
PAULSKIRCHE. A MONUMENT UNDER PRESSURE
September 7, 2019 until February 16, 2020
at Deutsches Architekturmuseum,
Department of Culture and Science, City of Frankfurt/Main

Herausgeber | Editors: Maximilian Liesner, Philipp Sturm, Peter Cachola Schmal, Philip Kurz
Redaktion | Editing: Maximilian Liesner, Philipp Sturm

Projektleitung Verlag | Project Management Publisher: Petra Kiedaisch, Bettina Klett
Lektorat | Copy-Editing: Kerstin Wieland, Berlin
Übersetzungen | Translations: Jeremy Gaines, Frankfurt am Main
Gestaltung und Satz | Graphic Design and Typesetting: Feigenbaumpunkt, Frankfurt am Main, Arne Ciliox, Jochen Schiffner
Lithografie | Lithography: Corinna Rieber, Marbach, www.rieber-prepress.de

Schrift | Typeface: Avenir Next
Papier | Paper: 150 gr GalerieArt Volume
Druck | Printing: DZS Grafik, Ljubljana

Verlag und Vertrieb | Publishing and Distribution:
avedition GmbH
Senefelderstraße 109
70176 Stuttgart
www.avedition.de

Copyright © 2019 avedition GmbH, Stuttgart
Copyright © 2019 Deutsches Architekturmuseum, Frankfurt am Main
Copyright © 2019 for the texts with individual authors
Copyright © 2019 for the photos see image credits

Printed in Europe
ISBN 978-3-89986-315-4

Alle Rechte, insbesondere das Recht der Vervielfältigung, Verbreitung und Übersetzung, vorbehalten. Kein Teil des Werkes darf in irgendeiner Form (durch Fotokopie, Mikrofilm oder ein anderes Verfahren) ohne schriftliche Genehmigung reproduziert oder unter Verwendung elektronischer Systeme verarbeitet, vervielfältigt oder verbreitet werden.

This work is subject to copyrights. All rights are reserved, whether the whole or part of the material is concerned, and specifically but not exclusively the rights of translation, reprinting, reuse of illustrations, recitations, broadcasting, reproduction on microfilms or in other ways, and storage in databases or any other media. For use of any copyrights written permission must be obtained.

Bibliografische Informationen der Deutschen Nationalbibliothek
Die Deutsche Nationalbibliothek verzeichnet diese Publikation in der Deutschen Nationalbibliografie; detaillierte bibliografische Daten sind im Internet über http://dnb.de abrufbar.

Bibliographic Information published by the German National Library
The German National Library lists this publication in the German National Bibliography; detailed bibliographical data are available on the internet at http://dnb.de

Paulskirche, Eingang, Foto: 1949   Paulskirche, Entrance, photo: 1949

1848

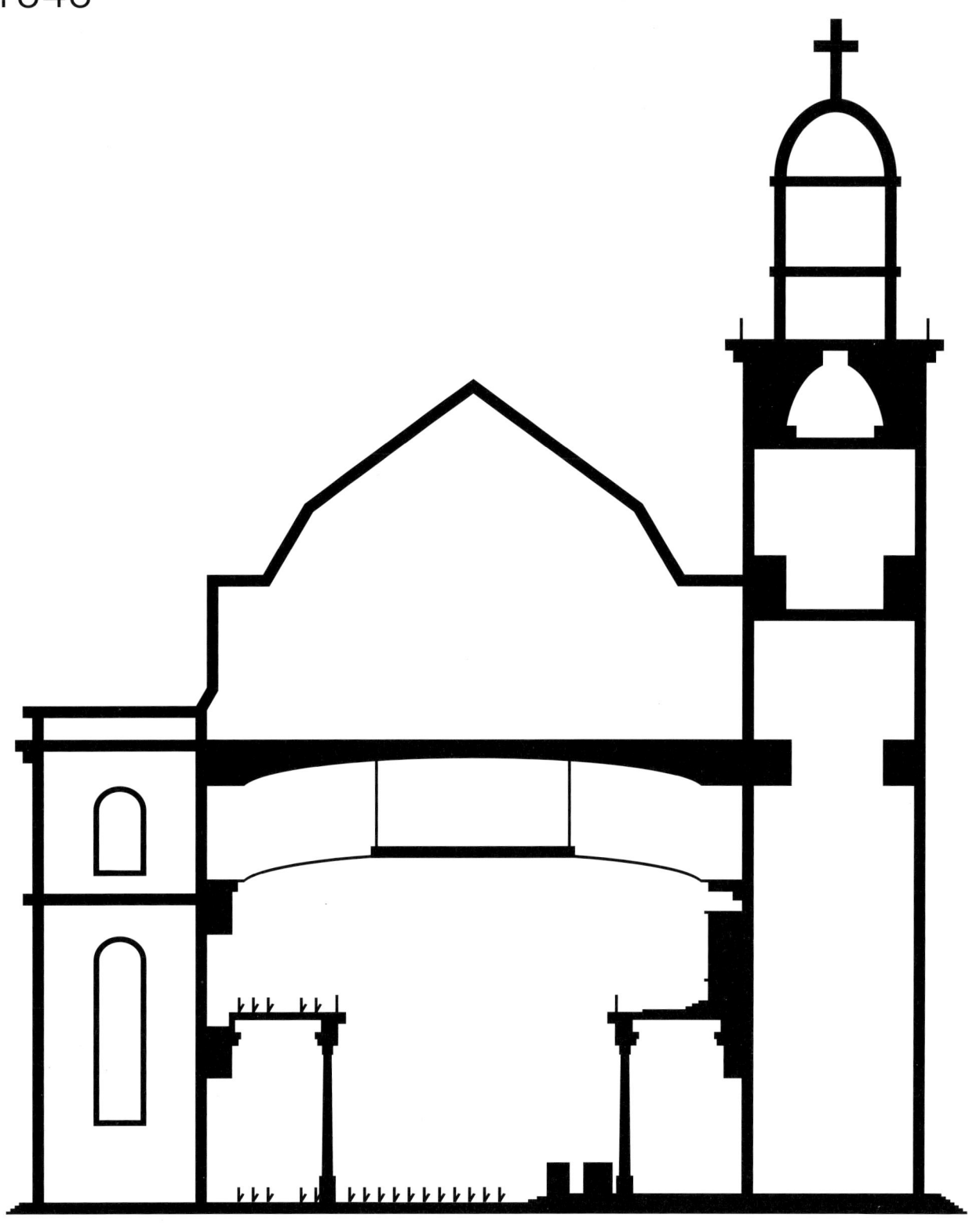